# VERA F. BIRKENBIHL

# ELTERN-NACHHILFE

D1725929

# VERA F. BIRKENBIHL

# ELTERN-NACHHILFE

## Wie man Kinder beim Lernen unterstützen kann

**mvg**verlag

**Bibliografische Information der Deutschen Nationalbibliothek**
Die Deutsche Nationalbibliothek verzeichnet diese Publikation in der Deutschen
Nationalbibliografie. Detaillierte bibliografische Daten sind im Internet über
http://dnb.d-nb.de abrufbar.

**Für Fragen und Anregungen**
info@mvg-verlag.de

Auf Wunsch der Autorin erscheint der vorliegende Text in der alten Rechtschreibung.

2. Auflage 2020
© 2019 by mvg Verlag, ein Imprint der Münchner Verlagsgruppe GmbH
Nymphenburger Straße 86
D-80636 München
Tel.: 089 651285-0
Fax: 089 652096

© 2007 der Originalausgabe bei Ariston Verlag in der Verlagsgruppe Random House
GmbH

Umschlaggestaltung: Isabella Dorsch, München
Umschlagabbildung: Vera F. Birkenbihl
Satz: EDV-Fotosatz Huber/Verlagsservice G. Pfeifer, Germering
Druck: Graspo CZ, Tschechische Republik
Printed in the EU

ISBN Print 978-3-7474-0033-3
ISBN E-Book (PDF) 978-3-96121-362-7
ISBN E-Book (EPUB, Mobi) 978-3-96121-363-4

Weitere Informationen zum Verlag finden Sie unter

**www.mvg-verlag.de**

Beachten Sie auch unsere weiteren Verlage unter www.m-vg.de

# INHALT

# VOR DEM
# ABC

Was unterscheidet eine **Nudel** von einer **Niere**? Was glauben Sie? Haben Sie wirklich (wenigstens kurz) nachgedacht?
- ❏ Ja, klar.
- ❏ Na ja, so halbherzig.
- ❏ Nein, eigentlich nicht.

Bitte machen Sie sich eines klar: Dieses kleine Büchlein zwingt uns, extrem wichtige Dinge in sehr kompakter Form zu besprechen. Wenn Sie gedanklich **mitgehen**, können wir einen DIALOG aufbauen, dann kann ich Ihnen zeigen, worum es geht. Einverstanden? Sie haben also noch eine Chance, über die Frage nachzudenken.

**Das Wichtigste zuerst**: Kinder, die in der Schule versagen, sind OPFER eines Systems, das ihnen keine faire Chance gegeben hat. In der Kommunikations-Theorie geht man seit Jahrzehnten davon aus, daß die eigentliche Verantwortung beim Sender liegt. Wenn also ein Kunde ein erklärungsbedürftiges Produkt nicht versteht, ist es die Verantwortung dessen, der erklärt. Und wenn ein Mitarbeiter nicht kapiert, was der Chef will, ist es seine Aufgabe, dafür zu sorgen, daß der Mitarbeiter begreifen kann. Dasselbe gilt für Eltern, deren Aufgabe es ist, den Kindern klare Informationen und Anweisungen zu geben. **Nur in der Schule erleben wir das Gegenteil:** Da gibt es immer noch Lehrkräfte, die allen Ernstes davon ausgehen, zu viele SchülerInnen seien de-motiviert, des-interessiert, faul, untalentiert etc. Deshalb die gute Nachricht vorab: Zwar gibt es Begabungen, aber 94 % aller Kinder könnten alles, was in der Hauptschule gefordert wird, **einigermaßen gut** lernen (Note 3), während es einzelne Bereiche gibt, in denen **Begabung und Aufgabe zusammenfallen**. In diesen Bereichen können 94 % der SchülerInnen bessere Noten erreichen. Wenn also bis zu 70 % eines Jahrgangs sich auf: 1. Sonderschulen, 2. »miese Abschlüsse« und 3. »ohne Abschluß« verteilen, dann ist mit dem System etwas faul, nicht mit den **Opfern des Systems.** Dieses Büchlein will Ihnen als ELTERN (aber auch Lehrkräften, Erziehern und allen Interessierten) helfen, einige wichtige Zusammenhänge zu durchschauen, denn es ist auch nicht die Schuld der meisten **LehrerInnen**, da auch sie **Opfer des Systems** sind. Aus Lehrer-Seminaren wissen wir sehr genau: Auch LehrerInnen schätzen neue Wege, die besser »funktionieren«, da sich ihr eigener Streß immer parallel mit dem ihrer SchülerInnen reduziert (oder aufbaut). Genaugenommen leiden drei »Parteien«, denn auch die Eltern sind betroffen, und wenn wir Verbesserungen schaffen, wird es für alle drei Gruppen parallel besser: SchülerInnen, Lehrkräfte und Eltern.

So, nun lösen wir die kleine Frage von oben auf: Eine **Nudel** ist um einiges einfacher als eine **Niere**, diese gehört zu den KOMPLEXEN Dingen in unserem Universum. Jedes Organ besteht aus zahllosen Zellen und **schon die einzelne Körperzelle ist ein kleines Universum**, dessen Teil-Systeme aus wieder kleineren Systemen bestehen. Um nur ein Beispiel zu nennen: Sie kennen den Begriff der DNS (international als DNA bezeichnet) und wissen, daß sie alle Gene und somit den »Bauplan« jedes Lebewesens enthält. Wenn wir in eine einzelne Körperzelle hineinsehen, dann entdecken wir dort mehrere »Organellen« (Zell-Organe), z. B. die sogenannten **Mitochondrien** (d. h. Energiekraftwerke der Zelle). Einst waren die mikroskopischen Helfer in unseren Zellen **eigenständige Lebewesen**, die irgendwann vor Jahrmillionen beschlossen, eine SYMBIOSE zu bilden. Deshalb erlaubten die Mitochondrien der Zelle, sie permanent »einzuschließen« und so wurden sie im Laufe vieler Jahre ein TEIL der Zelle. Nun könnten Sie zwei Fragen stellen: **Erstens**, woher will die Wissenschaft wissen, daß die Mitochondrien vor Jahrmillionen eigenständige Lebewesen waren? **Zweitens**, warum erzähle ich Ihnen das überhaupt? Es folgt eine kurze Antwort auf die **erste** und eine ausführlichere auf die **zweite** Frage.

**FRAGE 1:** Die MITOCHONDRIEN haben eine eigene DNS (oder DNA). Wenn man von »der« DNS spricht, **meint man immer die DNS der Zelle,** welche ein **miniaturisiertes Urmeer** darstellt, in dessen »Wasser« die »normale« DNS schwimmt. Aber in diesem Mikro-Urmeer schwimmen diverse »Zell-Organe«, darunter jene »Kraftwerke« **(Mitochondrien)** und **jede hat ihre eigene DNS (DNA).** Das zeigt, daß sie einst eigenständige Lebewesen waren (im Gegensatz zu allen anderen Aspekten unseres Körpers).

**FRAGE 2:** Es gibt **mehrere Gründe,** warum ich Ihnen das erzählt habe.

1. **Die meisten Menschen haben keine Ahnung!** Sie wissen also nichts von der **Existenz** der Mitochondrien-DNS, oder daß diese **ohne Hilfe des Vaters über die mütterliche Linie vererbt wird, oder daß man** alle Menschen dieses Planeten auf sieben FRAUEN (Urmütter) zurückführen kann, deren Mitochondrien-DNS **wir alle** besitzen.

2. **Warum haben die meisten Menschen keine Ahnung?** Weil sie es in der Schule gelernt, aber später vergessen haben? Lassen Sie uns gleich ein gerne erzähltes Märchen aufklären: Angeblich haben wir ca. 90 % all dessen VERGESSEN, was wir einst in der Schule GELERNT hatten. So formuliert ist diese Aussage vollkommen FALSCH. Bitte unterscheiden Sie ab jetzt zwei Begriffe: Was

in der Schule und bei »normalen« Hausaufgaben passiert, ist nicht ☞ LERNEN, sondern ☞ PAUKEN. Da **echtes LERNEN** mit **BEGREI-FEN** einhergeht (während man beim Pauken stur irgendwelche Dinge wiederholt, die man nicht begriffen hat, z. B. mathematische Formeln), hat man sie **nicht wirklich GELERNT**, demzufolge kann man nicht vergessen haben, was man nie gelernt hatte! Wenn Sie das mit den **Mitochondrien** nicht wußten, dann haben Sie es **entweder** einst ge-PAUKT (haben es also nicht vergessen, weil es ja nie »drin« war) **oder** man hat es Ihnen nie erzählt. Ist das der Fall, dann fragen wir: Warum? **Weil Sie nie gehört haben, was nicht im Lehrplan der Schulen, die Sie besucht haben, stand.** Weil bei uns anonyme Bürokraten entscheiden, was Kinder zu lernen haben. Lehrkräfte beginnen zwar, **mehr Einfluß zu suchen**, wir stehen jedoch noch am Anfang. Das heißt, es müssen immer noch **jede Menge Dinge gepaukt werden, die niemandem nutzen**, statt daß die Kinder in der Schule lernen dürfen, **WIE MAN wirklich LERNT**, wie man Fragen formuliert, wie man Dinge RECHERCHIERT (um sich selbst zu belehren, z. B. um Wissenslücken zu schließen oder Dinge herauszufinden, die uns interessieren).

**Beispiel:** Bei einer anonymen Umfrage konnten Tausende meiner Seminar-TeilnehmerInnen **nicht**

erklären, was es mit der **Stammzellen-Debatte** auf sich hat. Weder konnten sie den Begriff ADULTE STAMMZELLEN erläutern, noch war ihnen so richtig klar, worum es ging. (Könnten Sie es?) Bedenken Sie, daß das damals (und seither mehrmals wieder) tagelang **Thema Nr. 1** in **Tageszeitungen** sowie allen Nachrichten- und vielen Magazin-Sendungen in **Radio** und **Fernsehen** war, **also hörte man täglich mehrmals davon.**

Und auf die Frage: »Falls Sie mehr wissen wollten, würden Sie sich zutrauen, sich das Nötige **selbst beizubringen** (recherchieren und lernen)?«, antworteten fast 60 % mit NEIN (58 %). Und das im Land der Dichter und Denker! In einem Land wie Afghanistan, in dem nach einem Vierteljahrhundert ständigen Krieges die meisten Menschen nicht zur Schule gehen konnten, würde man so ein Ergebnis erwarten, aber bei uns? Des Weiteren muß klar sein, daß Seminar-TeilnehmerInnen in der Regel im Schnitt gebildeter sind als diejenigen, die nicht (freiwillig) zu einem offenen Seminar gehen (Gegensatz firmeninterne Schulungen, die man besuchen **muß**). Das sollte uns schon sehr nachdenklich machen.

3. **Nur Menschen, die genügend RICHTIGE BILDUNG »mitbekommen« haben, können später selbst entscheiden, was sie lernen und wissen wollen.** Mit RICHTIGER Bildung meine ich z. B.

**die Fähigkeit, sich selbst zu unterweisen.** Sicher, man muß hier und da Fachleute befragen, aber man kann auf alle Fälle alleine genug lernen, um zu wissen, **was man die Fachleute fragen will!** So habe ich mich ganz alleine »eingeführt« in Bereiche wie Quantenphysik, Komplexitäts-Theorie, die Architektur männlicher bzw. weiblicher Gehirne sowie einen Einstieg in einige als besonders »schwer« geltende Sprachen (u. a. Chinesisch, Japanisch, Arabisch, Türkisch, Persisch); jedenfalls genug, um zu verstehen, wie sie »funktionieren«. Es gibt DVD-Mitschnitte, auf denen ich einige dieser Themen DIDAKTISCH (☞ DIDAKTIK, S. 34) so interessant aufbereitet habe, daß Sie in ca. zwei Stunden **Grundkenntnisse** erwerben, für die ich **zehn bis 20 Jahre** (pro Thema) investiert habe. Natürlich hatte ich nicht ausschließlich daran gearbeitet, sondern neben zahlreichen Seminarreisen, dem Schreiben einiger Bücher etc., **woran Sie sehen, was passieren kann, wenn man mehrere Themen über Jahre lang »verfolgt« und sich immer wieder mal einige Stunden oder Tage intensiv befaßt. Was dabei nach einiger Zeit »herauskommt« ist unglaublich. Wenn Schule so vorgehen würde, kämen die jungen Leute ziemlich gebildet und fähig, selbst zu lernen, »heraus«! Aber Sie können so ein System zu Hause aufbauen und den Kindern vorleben, wie**

**das geht** (dieses Büchlein gibt Ihnen die Anleitung dazu; ☞ **WISSEN ERWERBEN**, S. 97). Kinder, die zu Hause so auf das (Schul-)LEBEN vorbereitet werden, werden TROTZ SCHULE lernen, andere schaffen es WEGEN des Schulsystems oft nicht! Bedenken Sie, daß in unserem Schulsystem die Kinder aus sogenannten bildungs-FEINDLICHEN und bildungs-FERNEN Familien versagen, während die Kinder von Akademikern in der Regel TROTZ des Schulsystems klarkommen, weil sie genügend Hilfe zu Hause erhalten! Im angehenden Wissens-Zeitalter mit großen kostenlosen Stadtbüchereien (Bibliotheken) plus Internet kann wirklich jeder alles herausfinden, wenn er genügend **Grundlagen** hat. Wie Sie diese Grundlagen entwickeln können, zeige ich Ihnen. Aber zuerst müssen wir noch klarstellen, woraus die **Grundlagen** bestehen: Es ist **nicht WISSEN**, sondern …

4. **Die GRUNDLAGEN sind Fertigkeiten: lesen** (und verstehen, was man liest), **schreiben** (eigene Gedanken formulieren), **rechnen**, **denken** (Schlussfolgerungen ziehen, Probleme durch Denken lösen etc.). **Fertigkeiten können nicht über Nachdenken gelernt werden, sondern nur durch TRAINING.** Hier gelten bekannte Weisheiten wie »ÜBUNG macht den MEISTER«, »Es ist noch KEIN MEISTER VOM HIMMEL GEFALLEN« etc. In der Schule wird noch viel zu

wenig GEHANDELT (**getan, durchgeführt, ge-
übt, trainiert**), weil man viel zu viel über Dinge
REDET, statt sie zu tun! So lernen Kinder die
Muttersprache am besten, wenn sie ihr AUSGE-
SETZT sind, wenn sie aktiv hören und selber sprechen, nicht aber durch Grammatikregeln (die vor
dem Alter von 13 Jahren eher schaden als nützen).
Merke: Darüber reden können wir im LERN-
BERG (siehe S. 55) ab dem ersten Stock (wo die
Fortgeschrittenen »wohnen«), aber in der Schule
wird VORAB geredet, wenn die Kinder sich noch
im Einsteiger-Modus befinden. Auch ELTERN
neigen dazu, vorab über Dinge reden zu wollen,
statt den Kindern zu gestatten, zu experimentieren
und selbst zu lernen.

5. **Auch LERNEN ist eine Fertigkeit**, die man
erlernen und einüben muß! Da die meisten Lehrkräfte vor den Erkenntnissen der neuen Gehirnforschung ausgebildet wurden, kennen viele eigentlich nur **PAUK-Methoden**. Somit können sie den
ihnen Anvertrauten gar keine **echten LERN-Methoden** beibringen, wie unsere Lehrer-Seminare
immer wieder zeigen. Übrigens sind die weit über
1 000 Lehrkräfte in Deutschland und noch mal so
viel in Österreich und der Schweiz, die kommen,
durchaus interessiert an besseren Methoden. Das
Problem liegt bei jenen, die gar nicht kommen.

6. **In dem Maß, in dem das Schul-System nicht Bescheid weiß** (oder es **wissentlich** nicht berücksichtigt), können die dem System Anvertrauten im System nicht **lernen, wie man optimal lernen würde**. Und:

7. **In dem Maß, in dem die ELTERN der OPFER nicht Bescheid wissen** (da sie ja dasselbe System durchlaufen haben), können sie ihren Kindern nicht helfen, wenn diese im System zu versagen scheinen. Merke: **Das Schul-Versagen wird** (weitgehend) **vom System selbst ausgelöst**. Die Zahl der Kinder, die einen echten »Nervenschaden« haben und im System nicht mitkommen KÖNNTEN, beträgt weniger als vier %. Trotzdem werden bis zu zwölf % der Kinder auf Son-

derschulen ausge-SONDER-t (davon dürfte ca. ein Drittel Hochbegabte sein). **Schuld sind also nicht die Kinder**, auch wenn man es gerne so darstellt, wenn man behauptet, SchülerInnen seien **de-motiviert**, **des-interessiert**, **faul**, **dumm**, **untalentiert**. Wollen wir uns kurz ansehen, was jeder dieser Vorwürfe in Wirklichkeit bedeutet:

8. **Des-interessiert?** Wie die HARVARD-Professorin Ellen J. LANGER feststellt, gibt es gar **kein Des-Interesse**, sondern nur Interesse, das sich auf etwas **anderes** konzentriert als auf das, was jemand (z. B. eine Lehrkraft) sich in diesem Augenblick wünscht. Es gibt zwei Möglichkeiten des »Nicht-Aufpassens«:

a) **Erstens:** Blickt z. B. ein Schüler zum Fenster hinaus in den Hof, **um dort einen Vogel zu beobachten**, dann INTERESSIERT ihn der Vogel eindeutig mehr, als das, was im Klassenzimmer passiert. Solange Lehrkräfte **die Schuld beim Schüler suchen**, müssen sie sich ja nicht fragen, ob das, was hier IM KLASSENZIMMER passiert, vielleicht so LANGWEILIG ist, daß der Geist woandershin »wandern« **muß**. Die Alternative wäre, daß der Schüler sich aktiv frustriert fühlt und das wird sich dann möglicherweise in einer stärkeren Form ausdrükken, dann stört er die Klasse vielleicht, während seine Vogel-Beobachtung zumindest kein interessiertes Kind vom Unterricht ablenkt. Denn, wer sich für das, was im Klassenzimmer passiert, interessiert, hat gar keine Energien »frei«, um den Schüler zu beobachten, der in den Hof blickt.

b) **Zweitens** kann es sein, daß der Schüler über etwas nachdenkt, das gerade gesagt worden war und **deshalb »in die Ferne« blickt.** In diesem Fall »sieht« er den Vogel, den er anzustarren scheint, überhaupt nicht, er »sieht« genaugenommen gar nichts, weil er intensiv nachdenkt. Dies aber ist im traditionellen Schulunterricht verboten, weil Menschen (Eltern, Lehrkräfte, Chefs, KundenberaterInnen etc.), die zu wenig von solchen Prozessen wissen, deshalb sofort meinen, der andere höre nicht zu!

Wie wenig wir über diese Dinge wissen, zeigt noch eine andere Sache: Wenn bei uns jemand in einer Gruppe (z. B. am Kaffeetisch) mit »starrem Blick« ins Leere schaut, dann wird bei uns sofort jemand mit den Fingern schnipsen und/oder rufen und den anderen aus dem geistigen Prozeß herausholen. Bei anderen Kulturen gibt es nichts Unhöflicheres! Im indischen und arabischen Raum würde niemand die Person stören! Man geht davon aus, daß sie Zwiesprache mit ihrer Seele hält oder daß ihre Seele »spazierengeht« und deshalb

könnte eine plötzliche Störung Schaden auslösen. **Ein wenig Respekt für Denk-Prozesse
anderer** würde uns auch helfen, wenn wir
Menschen, die einen Text schreiben, ungeniert
anquatschen (»He, Karl, weißt du, wo der Grill-
anzünder ist?«), ohne Rücksicht darauf, welchen wunderbaren Gedankenfaden Karl jetzt
vielleicht verliert, den er nie wieder einfangen
kann!

9. **De-motiviert?** Beginnen wir mit dem Begriff: Die
   Grundbedeutung im Lateinischen bedeutet BE-
   WEGUNG; wenn jemand also motiviert ist, ist er
   bereit, sich zu BEWEGEN – und zwar in Richtung auf das ZIEL, das derjenige anstrebt, der den
   Grad der MOTIVATION be-URTEIL-t. Bewegen
   sich also MitarbeiterInnen oder SchülerInnen in
   eine andere als die GEWÜNSCHTE Richtung,
   dann behauptet man, es MANGELE ihnen an
   MOTIVATION, während ihre MOTIVATION in
   Wirklichkeit lediglich **in eine andere Richtung**
   zielt. Hier sehen wir also eine direkte Analogie zu
   dem Stichwort »des-interessiert« (von oben).

10. **DUMM?** Tja, das wäre ja dann ein »Dachscha-
    den«, das Unvermögen zu begreifen oder zu TUN
    (z. B. lesen, schreiben, rechnen). Dies liegt jedoch
    in den allerwenigsten Fällen an den Betroffenen,
    **fast immer liegt es am System**. Bedenken Sie,
    daß Menschen mit Geld ihre Kinder auf Privat-

schulen schicken, wo die meisten plötzlich »klar-kommen«, weil die ☞ DIDAKTIK besser ist als im Regelschulsystem. Trotzdem können auch Privatschulen ihre traditionellen Wurzeln noch nicht ganz verleugnen, auch hier gäbe es einige Möglichkeiten, NOCH besser zu werden und das Lernen NOCH LEICHTER für die SchülerInnen zu machen. Aber sie sind bereits **um einiges besser als das Regelschulsystem**, weil sonst kein Mensch Geld dafür bezahlen würde. So einfach ist das! Wichtig ist dabei auch: Da die AbsolventInnen am Ende das gleiche »offizielle« Abitur wie andere AbiturientInnen machen müssen, ist spätestens dann bewiesen, daß dieselben Kenntnisse/Fertigkeiten vermittelt worden waren, nur ist die ☞ DIDAKTIK und der Umgang mit den Schülern ein anderer!

11. **UNTALENTIERT:** Genau das denken die Opfer von sich! Nehmen wir als Beispiel das Lernen von Fremdsprachen. Hier wird am meisten Geld für Nachhilfe ausgegeben, gefolgt vom muttersprachlichen Unterricht (bei uns also DEUTSCH). Diese beiden Bereiche schlucken über 60 % aller Honorare, die Eltern für Nachhilfe finanzieren müssen (meist über Jahre hinweg). Dann schluckt die Mathematik ca. 25 % und der Rest verteilt sich auf sämtliche andere Schulfächer. Das heißt: Die meisten Probleme macht der Unterricht für die

(Mutter-)SPRACHE und für fremde SPRACHEN (Englisch, Latein, Französisch etc.). Überlegen Sie einmal: Jede Firma, die bei ihren Haupt-Produkten so viel Probleme hätte, würde pleitegehen. Nur die Schule kann es wagen, ihre Methode nicht in Zweifel zu ziehen und dafür Millionen von Bürgern zu produzieren, welche die Schule mit der Überzeugung verlassen, sie hätten halt kein Sprachentalent! Denken Sie mit! Wenn alle, die das von sich denken, untalentiert wären, müßte der liebe Gott alle Menschen mit Sprachentalent auf die Benelux-Länder verteilt haben; dort sind regelrechte Nester, denn hier gibt es jede Menge zwei-, drei- und viersprachiger Leute. Komisch, nicht wahr? Insbesondere, wenn Menschen, die nach der Birkenbihl-Methode zu lernen beginnen, nicht nur die Sprache ihrer Wahl lernen, sondern endlich kapieren, daß es ihnen sehr wohl nicht an Talent mangelt. Das ist mindestens so wichtig für sie, wie das leichte Erlernen einer Sprache. Da ich ein extra Büchlein dieser Reihe zu meiner Methode plane, werde ich das Thema in diesem Band nur kurz andeuten, Ihnen aber zeigen, wo Sie in der Zwischenzeit schon mehr Info finden können (☞ SPRACHENLERNEN, S. 85). Aber worauf ich hinaus will, ist: Es liegt sehr oft an den Methoden, deshalb hierzu einige Takte (☞ METHODEN, S. 56).

## LESE-ANLEITUNG

Was den Haupt-Teil des Büchleins angeht, so gilt: Ich habe die Teil-Themen alphabetisch sortiert. Das erlaubt es Ihnen, Teil-Themen, die Sie besonders interessieren, direkt »anzuspringen«, statt zu warten, bis sie »drankommen« (vielleicht das Stichwort ☞ HAUS-AUFGABEN?). Oder Sie lesen »normal« (der Reihe nach), aber es kann immer sein, daß ein Querverweis (☞ Stichwort, mit Seitenzahl) Sie doch interessiert. Dann rate ich Ihnen: **Markieren** Sie die Stelle, die Sie gerade verlassen mit einer **Büroklammer** (oder einem Post-it-Zettel) und »**springen**« Sie ruhig umher, Sie können anschließend zur markierten Stelle **zurück-finden**.

Jetzt wünsche ich Ihnen
viel Ent-DECK-er-Freude …

Vera F. Birkenbihl

# DAS ELTERN-
# NACHHILFE-ABC

## AUSWENDIG LERNEN – JEIN!

Wenn wir etwas auswendig lernen, so müssen wir zwei Lernwege unterscheiden, über die wir noch einige Male sprechen werden, hier also erst einmal andeutungsweise als Vorschau. ERSTENS können wir ☞ **PAUKEN** (S. 71): Man hofft, wenn man sinnloses Zeugs oft genug wiederholt, es irgendwann »reinzukriegen«, z. B. **Vokabeln, Jahreszahlen** plus Stichwort, was oder welche Schlacht wo stattgefunden hat; **Definitionen** (die man nie kapiert hat); **Lehrsätze** (deren Sinn man nicht versteht); **Formeln** in Mathe oder Chemie (die einem »nichts sagen«). PAUKEN ist SINN- und HIRNLOSES Pseudo-Lernen: **Viel Aufwand, geringe Ergebnisse** und langfristig für die Katz! Leider gehört das meiste, was an Schulen und in ☞ HAUSAUFGABEN (S. 42) in Richtung »Lernen« gemacht wird, zum Typ **PAUKEN**. Der Gegensatz dazu ist echtes LERNEN mit Verstand (das kommt von VERSTEHEN, BEGREIFEN, KAPIEREN, was man lernt). Wir werden dieses wichtige Thema im Lauf des Büchleins in verschiedenen Zusammenhängen immer wieder erwähnen.

## BEWEGUNG ☞ NEUROGENESE

Es ist ja nicht mehr neu, daß wir uns zu wenig bewegen, aber WARUM Bewegung so unheimlich wichtig ist, besprechen wir beim Stichwort ☞ NEUROGENESE (S. 63).

## COMPUTERSPIELE

Im Abschnitt ☞ FLOW (S. 40) verstehen Sie, warum Computerspiele regelrechten SUCHT-Charakter haben können (weil gewisse Freude-HORMONE mit dem sogenannten FLOW-Zustand einhergehen, der beim Spielen erreicht wird). Das wäre eigentlich nicht schlimm, wenn wir auf folgende Dinge achten:

ERSTENS: Wenn das Spielen eines Computerspieles nur EINE von VIELEN **Flow-Tätigkeiten** darstellt, brauchen Sie sich keine Sorgen zu machen. Nehmen wir an, Peter geht dreimal in der Woche auf den Bolzplatz und tobt sich aus (siehe ☞ BEWEGUNG), spielt regelmäßig Tischfußball mit Freunden (Koordinations-Training und Teamgeist), hat noch ein anderes Hobby (z. B. Basteln, Musizieren, Disco) und möchte AUCH ab und zu ein Computerspiel spielen. Es ist nicht so, daß diese Spiele alle verboten gehören (wie man gerne hört), denn sie haben auch Vorteile:

- sie trainieren hohe AUFMERKSAMKEIT und KONZENTRATION über längere Zeit;
- sie trainieren die Hand-Auge-Koordination, also etwas, was männliche Gehirne ausbilden MÜSSEN

(vgl. mein Büchlein: *Jungen und Mädchen – wie sie lernen*), da die sogenannte Gehirn-Architektur von Jungen und Mädchen sich maßgeblich unterschei-det (egal, was man Ihnen bisher erzählt haben mag!). Deshalb müssen Jungen ZIELEN und TREFFEN, nur kann dies durchaus friedlich (z. B. am Dartboard oder bei »guten« Computerspielen) passieren!

- sie erzeugen ☞ FLOW
  (gute Gefühle, siehe unten);
- sie bieten ERFOLGS-ERLEBNISSE.

**Aber es gibt zwei Gefahren:**
1. **Sind diese Spiele die einzige Quelle von Erfolgs-Erlebnissen?** Wenn jemand nur eine einzige Quel-le von guten Gefühlen über sich selbst kennt, dann wird es extrem wichtig, welcher Art diese eine Art von Tätigkeit ist. Die sogenannten ☞ »Streber-Ty-pen« schöpfen Erfolgsgefühle aus geistigen Tätig-keiten; es macht ihnen Freude, nach mehr geistigen Abenteuern oder Freuden zu streben – deshalb sind sie Streber geworden. Sie lesen, schreiben, rechnen etc., weil es ihnen FREUDE macht. Also selbst wenn sie es übertreiben, werden sie auf alle Fälle mit der Schule klarkommen und bestmögliche Chancen im Leben haben. Komischerweise liebt man ältere Streber (als Wissenschaftler, Ärzte, Mu-siker etc. sind diese Leute besonders erfolgreich).

Ist aber die einzige Quelle von guten Gefühlen etwas, das dem Vorankommen in der Schule gar nicht nützt, dann müssen wir gegensteuern.

2. **Werden in den Spielen laufend Menschen verletzt, verstümmelt, geschlagen oder erschossen?** Bedenken Sie, wie gefährlich es wird, wenn Ihr Kind immer wieder (nur) das Verletzen/Töten von Menschen mit den ANGENEHMEN GEFÜHLEN verbindet, die der ☞ FLOW-Zustand (S. 40) verschafft. Wir wissen inzwischen, daß das sogenannte **virtuelle Sterben im Gehirn genauso verarbeitet wird wie echtes**, weil unser Gehirn in den tieferen Schichten Vorstellung und Realität nicht wirklich trennen kann.

## DIDAKTIK

Die Ur-Bedeutung des griechischen Begriffes (DIDAS-KEIN) ist: **erklären, erläutern, unterweisen, unterrichten, lehren** – und zwar im weitesten Sinne. Dabei dachte man nicht an Schule (es gab ja nur wenige Akademien), sondern gemeint ist jede Situation, in der jemand **informieren** will; heute würden wir sagen: Auch Eltern, ebenso Chefs und Chefinnen, KundenberaterInnen etc. könnten sich über die Methode ihrer Unterweisung Gedanken machen. Im Alltag ist besonders wichtig, wie ELTERN ihre Kinder unterweisen, insbesondere wenn sie versuchen, bei den ☞ HAUSAUFGABEN zu helfen, bzw. welche Probleme durch die DIDAKTIK der

Regelschule überhaupt erst ausgelöst werden. Das führt dazu, daß die SchülerInnen **als Folge** (!) **de-motiviert, des-interessiert, faul** etc. **wirken** können!

Was selbst viele Lehrkräfte nicht wissen, wie sich in unseren Lehrer-Seminaren immer wieder herausstellt (weil man es ihnen systematisch vorenthalten hat), ist die Tatsache, daß **die moderne Didaktik in der Schule auf brüchigem Fundament ruht**. Sämtliche sogenannte LERNKURVEN basieren auf den Arbeiten eines Wissenschaftlers, der es gut gemeint hatte, aber wieder einmal zeigt sich, daß GUT GEMEINT trotzdem katastrophal sein kann. Es geht um die Lern-Experimente von **EBBINGHAUS** (vgl. Hermann **EBBINGHAUS**: *Über das Gedächtnis*. Leipzig,1885). Tja, Sie haben richtig gelesen, **dieses Fundament moderner DIDAKTIK hätte 1985 sein 100-jähriges Bestehen feiern können**, inzwischen wird eine weitere Generation erwachsen!

Man muß verstehen, daß es Ende des 19. Jahrhunderts ein großes Bestreben gab, »wissenschaftlich« zu experimentieren. Das war die Zeit, als die Naturwissenschaften sich als »harte« Wissenschaften etablierten (mit »objektiven« Experimenten), während man im Bereich der jungen Psychologie mit subjektiven »inneren Prozessen« arbeitete, die niemand konkret nachprüfen konnte.

Das wollte EBBINGHAUS ändern, er wollte unbedingt **OBJEKTIV untersuchen, wie Erinnerung**

**funktioniert**. Er stellte fest, daß früher Gelerntes spätere Wahrnehmung »korrumpieren« kann: Will ich das lateinische Wort TABULA (= Tisch) lernen und kenne ich das englische TABLE, dann lerne ich TABULA wesentlich leichter. Oder: Kenne ich das (deutsche) Wort LEICHNAM und begegne dem holländischen LICHAAM, dann könnte ich versucht sein, es mit LEICHNAM zu verwechseln, wiewohl das holländische Wort den LEBENDEN Körper beschreibt. Solche und ähnliche Probleme versuchte EBBINGHAUS durch **Ausschluß typischer »Fehler« im Experiment** zu lösen, indem er sich **Unsinn-Wörter** (wie DIM, PIT, MOK etc.) ausdachte, die er und seine Versuchspersonen (= Familienmitglieder) pauken mußten.

nach EBBINGHAUS

* genauer: e VERGESSENS-Kurve

Im Verlauf vieler Lern-Versuche mit UNSINN-Wörtern wurden **LERN-KURVEN** angelegt, die man jedoch genaugenommen als **VERGESSENS-KURVEN** bezeichnen sollte. Sie zeigen, wie das Wissen kurzfristig ansteigt, um (wenn man nicht ununterbrochen weiterlernt) sehr bald dem Vergessen anheimzufallen.

Auch heute noch basieren sämtliche LERNKURVEN auf diesen Grundlagen. Das Problem ist jedoch: Unsere LERN-FÄHIGKEIT soll unser Überleben absichern, uns also helfen, aus der Welt »SINN zu machen«, sie zu begreifen, uns in ihr zurechtzufinden. Wir sind Lebewesen, die ORIENTIERUNG brauchen und ORIENTIERUNG basiert auf SINN-vollen Informationen. Unser Gehirn ist keine Maschine und als solche absolut nicht geeignet, um UNSINN zu lernen. Das aber ist die Grundlage der sogenannten Lern-Psychologie: **Wie man Unsinn lernt.** Antwort: sehr sehr schlecht …

Hier liegt das Problem mit vielen Dingen, die man in der Schule lernen soll: Sie sind (oder wirken zumindest) auf die Opfer SINN-LOS (= UN-SINN-ig, ohne SINN). Ich wiederhole: Sinnloses Lernen ist extrem schwer, weil unser Gehirn darauf **nicht eingerichtet** ist. **Deshalb** lernen (nicht nur junge) Menschen **außerhalb der Schule weit besser als in ihr**. So landen immer wieder Hochbegabte auf Sonderschulen, weil sie sich weigern, bei dem Unsinn mitzumachen, den die normalen Schulen bieten. Und die meisten Jugendlichen, die in der Schule Lernprobleme haben, lernen außerhalb die komplexesten Computersprachen, in denen sie PROGRAMMIEREN, oder sie werden richtige Meister auf Gebieten, die in der Schule nicht vorkommen (z. B. wie man sich durch eine Firewall hakken kann), sie können großartige **Lan-Parties** organisieren, was viele ihrer LehrerInnen nicht könnten, nur fragt die Schule gar nicht danach. Dort schätzt man die unglaubliche Fähigkeit 20 (oder mehr) Computer so miteinander zu verbinden, daß alles »läuft«, nicht hoch ein. Anders ausgedrückt weiß die Schule vieles nicht zu schätzen, was Kinder können, solange es nicht Teil des extrem limitierten Repertoires ist, das die Schule wichtig findet. In der Schule ist **Bruchrechnen** wichtig, außerhalb braucht der normale Mensch es so gut wie nie, aber er würde davon profitieren, wenn er einen **Fahrplan** lesen könnte. In der Schule zählt die Fähigkeit, irgendwelche lateinischen Wörter zu **deklinieren** oder zu **konjugieren**, damit kann man die meisten Menschen, mit denen man außerhalb der Schule zu tun hat, kaum beeindrucken. Da wäre es weit hilfreicher, wenn man **bügeln** könnte, und sei es auch nur, um die Mutter ein wenig zu entlasten. In der Schule zählt **Wurzelziehen**, außerhalb wäre es hilfreicher zu wissen, welche **Wurzelgemüse** man wie zubereiten kann.

John HOLT, ein amerikanischer Lehrer, der mit viel Enthusiasmus ins Schulsystem eintrat und Jahre später völlig desillusioniert war, schrieb einige großartige Bücher, z. B. *The Underachieving School* (Das versagende

Schulsystem) oder *Why Children Fail* (Warum Kinder
versagen). Der etwas irreführende deutsche Titel lautet:
*Aus schlauen Kindern werden Schüler* (erst der Untertitel läßt das wirkliche Problem ahnen: *von dem, was in
der Schule VERLERNT wird*). HOLT: »Es ist absurd.
Wir sperren Kinder in ein Gefängnis ein, das wir Schule
nennen und geben vor, sie etwas über das Leben da
draußen zu lehren.« Er empfindet Unverständnis darüber, wie intelligente Menschen ein Schulsystem entwickeln konnten, das **die Möglichkeiten der Kinder
systematisch beschränkt, einengt, knebelt**: »Wenn es
Außerirdische gäbe und wenn diese uns Böses wollten,
dann hätten sie uns mit Sicherheit unser Schulsystem
aufgezwungen.« (Er meinte das US-Schulsystem, aber
da die USA ihr System dem preußischen nachgebildet
haben, sind ihre Probleme unseren sehr ähnlich!)

## ELTERNGRUPPE

Nicht alle Muttis und Papis können alles wissen. Die
Erfahrung aber zeigt: Wenn sich ca. 20 bis 30 Eltern zu
einer Elterngruppe zusammenfinden, ist bei einzelnen
Problemen (die z. B. bei den ☞ HAUSAUFGABEN,
S. 42, auftauchen) meist jemand dabei, der helfen
kann. Wie oft kommt eines der Kinder aus der Schule
und weiß nicht, WIE es die gestellten Aufgaben überhaupt angehen soll. Die ELTERNGRUPPE kann auch
helfen, wenn es gilt, intelligente Spiele zu spielen, die
den Kindern helfen, gewisse Fähigkeiten und Fertig-

keiten zu entwickeln (vgl. ☞ SPRACHGEFÜHL oder ☞ RÄTSELSPIELE).

## FLOW

Der amerikanische Wissenschaftler mit dem eigenartigen Namen (der seine ungarische Geburt verrät) CSIK-SZENTMIHALYI hat Jahrzehnte geforscht, um etwas festzustellen, das uns SOFORT EINLEUCHTET, wenn wir es hören. Was uns sofort einleuchtet sind immer Dinge, die wir **als wahr erkennen**, weil sie unsere Lebenserfahrung bewußt machen oder bestätigen. Was hat er herausgefunden? Wenn wir etwas TUN sollen, das wir schon lange können, dann ist dies LANGWEILIG; sollen wir aber etwas TUN, das für unseren derzeitigen Grad des Könnens zu fortgeschritten ist, dann erleben wir Streß, weil wir es **nicht** können, sowie: Wir fühlen uns am besten, erreichen sogar einen sehr angenehmen Zustand, in dem alles FLIESST, wenn wir uns **am vordersten Rand unseres derzeitigen Könnens** befinden. Das ist die schmale »Schneise« des FLOW, in dem wir **im Fluß** sind, in dem alles **glatt läuft**, in dem wir **eins werden** mit der Tätigkeit, in dem es einfach »läuft«. Dieser Zustand geht mit FREUDE-HORMONEN einher, diese aber sorgen dafür, daß wir uns **gut fühlen**. So gesehen, könnten sogar Hausaufgaben für FLOW und diesen angenehmen Zustand sorgen, wenn Kinder die für sie derzeit richtigen Aufgaben gestellt bekommen.

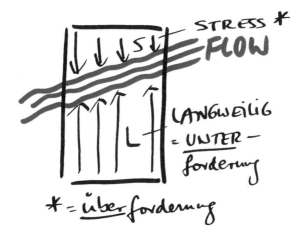

Streß gibt es nur, wenn wir Dinge ausführen sollen, die wir SCHON LANGE beherrschen bzw. die wir NOCH NICHT können. Langeweile ist für den Körper ähnlich anstrengend wie wenn man Dinge von uns fordert, die unser derzeitiges Vermögen übersteigen! Beobachten Sie Menschen (beginnen Sie mit sich und Ihren Kindern): **Bei welchen Tätigkeiten empfinden Sie FLOW?** Welche Tätigkeiten führen Sie **freiwillig** (weil **gerne**) aus? Wann fühlen Sie sich besonders wohl? Welche Tätigkeiten ziehen Sie anderen vor? Vergleichen Sie z. B. das **Bettenmachen** und **Reinigungsarbeiten** wie Fensterputzen mit Tätigkeiten, die Sie **als Hobby** ausführen? Haben Sie (haben Ihre Kinder) klare FLOW-TÄTIGKEITEN? Übrigens gehören ☞ Computerspiele dazu, deshalb ist es wichtig, gute zu finden. Hier schweben die Spieler ständig am vorderen Rand ihres derzeitigen Könnens, deshalb ist es so spannend, so faszinierend und die FREUDE-Hormone, die dann fließen, können fast Sucht-Charakter auslösen.

## HAUSAUFGABEN

Hausaufgaben sollen eines von zwei Zielen erreichen: **ENTWEDER** wir **trainieren**, was wir bereits **begriffen** haben, was aber noch neu ist (z. B. wie man ein Parallelogramm programmiert). Zwischen dem »Kapieren« und Können liegt das TRAINING. Hier beginnen wir LAAAAAAAAANGSAM, üben in kurzen Zeit-Einheiten (maximal zehn Minuten) und beachten alle TRAININGS-TRICKS, die in Frage kommen (siehe ☞ Trainings-TRICKs, S. 88). **ODER** wir gehen auf eine **(geistige) Ent-DECK-ungs-Reise** und experimentieren (Fachleute sprechen vom **explorativen Lernstil**, abgeleitet von lateinisch explorare = entdecken, engl.: to explore): ein EXPLORER ist ein Entdecker. Wenn wir »herumprobieren«, dann EXPLORIEREN (= ent-DECK-en) wir. Das tun Kinder sowieso gerne, bis wir es ihnen verbieten. Stellen Sie sich vor, auf dem Herd stehen mehrere Töpfe, alle Deckel sind geschlossen, es verbreiten sich herrliche Düfte. Möchten Sie nicht den DECK-el heben? Dieser Wunsch mo-

tiviert EXPLORATIVES Verhalten, man möchte ent-
DECK-en, was zunächst unsichtbar war.

Kann keines der beiden Ziele angestrebt werden, ent-
steht Streß. **Das liegt aber am System, das die Kinder
unvorbereitet entläßt und fordert zu üben, was noch
nicht geübt werden kann!** Angenommen ich würde
von Ihnen fordern: Bitte üben Sie die koreanischen Silben »man«, »nam« und »am«! Was könnten Sie jetzt
üben? Sollte man nicht erwarten dürfen, daß Sie **das
Rüstzeug erhalten, um üben zu können**? Kein guter
COACH fordert Handlungen, die das Kind nicht bringen kann, weil es noch nicht weiß, was man von ihm er-
wartet. Solange manche Lehrkräfte noch nicht begreifen, daß sie (auch) COACH sein müssen, solange
werden sie Kinder hilflos ins Elternhaus senden, wo sie
dann sitzen und sich wieder mal »doof« vorkommen.
Und wenn die Eltern ihnen nicht helfen können, dann
wird es dramatisch, weil man morgen in der Schule bö-
sen Willen unterstellt (☞ ELTERNGRUPPE, S. 39).

**Weiß aber das Kind, wie es geht, macht es sogar
Spaß, zu üben.** Man benötigt zwar ein wenig Geduld,
um die nötigen ☞ NERVENBAHNEN anzubauen,
aber es ist spannend, **weil unser Gehirn ein Lern-Or-
gan erster Güte ist** und gerne lernt. Das gilt besonders
für das **Einüben neuer Verhaltensweisen**. Ob das nun
das Addieren einer Zahlenreihe oder das Schreiben von
koreanischen Silben ist, es gilt egal: Wenn wir wissen,
WIE es geht, dann macht es Spaß, langsam zu begin-

nen und im Lauf des Übens sicherer und schneller zu werden, d. h. quasi uns selbst beim Lernen zuzusehen (☞ FLOW). Weiß das Kind hingegen zu wenig, um zu üben, dann fühlt es sich mies und hier liegt der Fehler eindeutig an der Person, die den Auftrag gab! Wenn ein Chef regelmäßig Anweisungen gäbe, die niemand ausführen kann, wird er nicht lange Chef bleiben. Lehrkräfte sind wie Chefs und sie bestimmen den Grad der Motivation der Kinder. Je besser die Forderungen der Lern-AUFGABEN auf die Kinder abgestimmt sind, desto motivierter sind diese auch!

## IQ-TESTS

Wollen wir ein oft behauptetes Märchen auflösen: Der sogenannte IQ-Test mißt nicht etwa Intelligenz (wie immer man die auch definieren möchte), sondern genaugenommen **Schulfähigkeit**. Das war auch sein erklärter Zweck; dafür hatte Alfred BINET ihn 1903 in Paris (im Auftrag der französischen Regierung) entwickelt: Man wollte feststellen, ob man jene Kinder identifizieren kann, die vom Schulsystem (das gerade eingeführt worden war) profitieren könnten bzw. **ob man jene vorzeitig aussortieren könnte, die im System der Schule versagen würden.**

Man darf natürlich keinesfalls SCHULE und LERNEN gleichsetzen, denn damals entwickelte sich in den »Industrienationen« ein Schul-SYSTEM, das einige besondere **gemeinsame Nenner** aufwies. Diese Art

von Schule bezeichnete ein eminenter Zukunftsfor-
scher (Alvin TOFFLER) als **SCHUL-FABRIK**. Warum? Weil die sich entwickelnden Nationalstaaten in
der beginnenden Industrie-Ära nur reüssieren konnten,
wenn man genügend Menschen vom Land in die Städ-
te holte und sie als »lebende Roboter« einsetzte. Die
meisten Arbeitnehmer hatten damals eine geringe Qua-
lifikation, die man erst sieben, später sechs Tage die
Woche (zehn Stunden pro Tag) »ausbeutete« und deren
Kinder für diesen menschenfressenden Moloch vorbereitet werden sollten. Und so diente das Schulsystem
als Brutstätte für diesen Menschentyp der (nach TOFF-
LER) vor allem lernen mußte:

1. PÜNKTLICHKEIT
2. ZUVERLÄSSIGKEIT
3. GEHORSAM (auf Befehl agieren, dazu müssen der
   eigene Wille und die Fähigkeit, selbst zu denken,
   auf ein Minimum reduziert werden).
4. DISZIPLIN
5. Ein MINIMUM an »Bildung«: Menschliche Roboter
   brauchen nur rudimentär lesen und schreiben, um
   **ARBEITEN** zu können, also beispielsweise genug,
   um Etiketten auf Kisten zu verstehen, die man sortie-
   ren oder woanders aufladen soll, oder um eine Kiste
   (die man gerade gefüllt hatte) zu beschriften. Und
   man mußte in der Lage sein, isolierte Einzelinforma-
   tionen zu ☞ PAUKEN, die später gezielt abrufbar
   sein sollten, ohne daß der Betroffene die Infos wirk-

lich verstehen sollte. Das war die Ära, in der sich auch die Anfänge von Management-Strategien entwickelten, deren Quellen waren militärischer Art, daher ging man vom bewährten Prinzip aus, daß jeder »Soldat« nur wissen müsse, was man ihm mitteilte und darüber hinaus bitte ja nicht selbständig denken sollte ... (vgl. mein Taschenbuch: *Birkenbihl on Management*).

Darum ging es in dem Test von Alfred BINET, der erst später als »Intelligenz-Text« **zweckentfremdet** wurde. Wer in IQ-Tests gute »Noten« bekommt, bekommt sie auch im Schulsystem, es gibt (auch heute noch) eine eindeutige Korrelation zwischen hohen IQ-Werten und guten Zeugnissen. Aber damit ist nicht gesagt, daß ein Einser-Abiturient (und nur solche hat man viele Jahre lang zum Medizin-Studium zugelassen) später ein guter Arzt werden würde.

## KAUGUMMI

Es ist seit Ende der 1990er Jahre bekannt, daß die Amerikaner mit ihrer »cleveren« Angewohnheit Kaugummi zu kauen, INTUITIV wußten, wie HILFREICH es ist. Deshalb verwundert es uns nicht, daß wir eher wissenschaftlich arbeitende Menschen kauen sehen als »einfache Arbeiter«, denn heute können wir sagen: KAUGUMMI KAUEN verbessert die **Aufnahmefähigkeit**, weil durch das Kauen **mehr Sauerstoff ins Gehirn** transportiert wird, und unser Gehirn braucht weit mehr Sauerstoff als alle anderen Organe (es erhält den Löwenanteil von 25 %). **Je mehr wir sitzen, desto weniger Sauerstoff bekommen wir in unser System**. Deshalb ist Kauen eine gute Maßnahme zur Sauerstoff-Aufnahme. Wer beim Joggen oder auf dem Ergometer nachdenkt, kann es sich sparen, aber wer zu lange still sitzt, wie in der Schule, SOLLTE KAUEN.

**Leider wissen dies zu wenige Eltern und LehrerInnen**. Bedenkt man, daß die Forschung mit isolierten Einzelwörtern und anderem UN-SINN (☞ DIDAKTIK, S. 34) durchgeführt wird, dann können Sie sich ausrechnen, wie hoch die Wirkung ist, wenn man SINN-VOLL lernt (was immer mit **Verstehen** und **Begreifen** verbunden ist, und **verstehen** können wir nur, was Sinn ergibt!). Sie finden im Internet zahlreiche Studien (mit den Begriffen »KAUGUMMI«, »GEDÄCHTNIS«). Nur ein Beispiel: (unter http://www.wissenschaft.de) **News** 15.3.2002, Stichwort: **Hirnforschung**, Titel des Artikels: »Kaugummikauen hilft dem Gedächtnis«, Untertitel: »Kauende Probanden konnten sich ein Drittel mehr Wörter merken«.

Ich beiße immer nur ein kleines Stückchen vom Kaugummi ab, das reicht für die Wirkung. Dies ist von Vorteil, wenn man mit Zucker oder Austauschstoffen sparen will (weil beide fett machen); so kann ich mit ca. 20 % der sonst üblichen Menge dieselbe Wirkung erziehen. Dafür nehme ich in Kauf, daß ich noch kaue, wenn es nicht mehr toll schmeckt, denn ich tue es, **um mein Gehirn auf Trab zu bringen** (z. B., wenn ich 14 Stunden am Stück am PC sitze, weil ich gerade ein Buch schreibe).

## KRITIK

Wie Frederick BODMER (in: *Sprachen der Welt*) feststellt, verdanken wir die im Schulbetrieb geradezu krankhafte Suche nach Perfektion PLATO. Normalerweise wäre es sinnvoll (und so geht man auch außerhalb der Schule vor), zunächst MACHBARE LEISTUNGEN anzustreben und diese dann Schritt für Schritt zu verbessern. So lernen wir Tennis oder Klavier zu spielen. In der Schule wird jedoch bei den ersten Übungen in einer neuen Disziplin (z. B. Bruchrechnen, Wurzelziehen) von Anfang an die Leistung gegen 100 % (Perfektion) verglichen und jede Abweichung (= Fehler) geahndet: Es wird rot angestrichen und schlecht benotet. Wie soll da ein Klima des schrittweisen Lernens entstehen können? Dummerweise wurden Lehrer so indoktriniert, daß sie allen Ernstes glauben, Kritik sei nötig, um uns besser zu machen, aber sie machen dabei regelmäßig einen von zwei Fehlern:

**Fehler Nr. 1: Sie stören einen Prozess, der UNBE- WUSST gelernt werden soll!**
Gewisse Lernprozesse kann unser Gehirn alleine besser absolvieren, wenn wir es nicht STÖREN. Das nenne ich

gehirn-gerechtes Lernen (die Neuro-Mechanismen des Gehirns kennenlernen und in unsere Lernprozesse einbeziehen). Beispiel: Kinder, die ihre Muttersprache lernen, machen gewisse Fehler, wenn ihr Gehirn die eine oder andere REGEL entdeckt hat, die auf einem völlig unbewußten Niveau verarbeitet wird. So wird die Struktur »kaufen, kaufte« geübt, also sagen sie einige Tage lang »er schwimmte«. Jetzt halten Sie sich fest: **Nur, wenn NIEMAND korrigiert, korrigieren sie sich selbst** – und einige Wochen (Monate) später ist »er schwamm« daraus geworden, **ohne daß irgendwer den magischen Moment beobachten konnte.**

**Werden Kinder aber korrigiert**, dann müssen sie **bewußt** über etwas nachdenken, das ihr Gehirn (unbewußt) viel besser gelernt hätte. Das wissen die meisten Erwachsenen nicht: Ab dem Alter von ca. 13 Jahren[1] können Kinder bewußt darüber nachdenken, aber zwischen dem 3. und 13. Lebensjahr ist es zu früh! Trotzdem bestehen Regelschulen auf Grammatik-Unterricht für die Kleinen, wiewohl großangelegte Studien seit den 1930er Jahren regelmäßig gezeigt haben, daß solcher Unterricht **Kinder mit sprachlichen Schwächen völlig**

---

1 Das ist eine statistische Durchschnittszahl. Es kann bei aufgeweckten Kindern aus geistig stark gefördertem Umfeld auch ab zehn Jahren spannend sein, Grammatik zu analysieren, bei anderen erst ab der Pubertät, aber eigentlich wäre Grammatik nicht nötig, da unser Gehirn die Sprache, von der wir umgeben sind, aufnimmt und imitiert, also wären gute Vorbilder viel hilfreicher als Grammatik-Übungen!

**verunsichert**, wie z. B. Alfie KOHN (in: *Schools our Children Deserve*) anhand vieler solcher Studien aufzeigt. Gegensteuern kann man nur mit besten sprachlichen Vorbildern, die Kinder unbewußt übernehmen können, so daß sie TROTZ Grammatik-Übungen Erfolg haben können (nicht wegen)!

**Fehler Nr. 2: Lehrer (Chefs, Erwachsenenbildner) wollen FENSTERLN!**

Vielleicht haben Sie schon einmal davon gehört, daß die jungen Männer in Bayern nachts die Leiter anstellen, um ans Fenster der Angebeteten zu kommen, das nennt man »fensterln«. Nun wollen wir uns den Lernprozeß einer Handlung als **LERNBERG** mit »Stockwerken« vorstellen. Sitzt jemand noch im Erdgeschoß, sind didaktische Handlungen, die in den ersten Stock zielen, völlig »daneben«. Sie erreichen nur, daß im Erdgeschoß nichts passieren kann, aber im ersten Stock auch nicht, da ja dort niemand ist. Wenn ich Sie bitte, eine Melodie vom Blatt zu singen, dann liegt das im Bereich von fortgeschrittenen LernerInnen, denen das durchaus Spaß machen kann, aber nur, wenn Sie das Erdgeschoß bereits absolviert haben. Andernfalls macht es weder Freude noch bringt die Aufgabenstellung sie weiter, wenn sie noch unfähig sind, die Schreibweise von Noten mit dem dazugehörigen Ton zu verbinden. Oder: Bei ersten Versuchen mit einem Klavier gibt es nichts Falsches. Es gibt nur **Töne**, manche klingen besser als andere und das erkennen Kinder sehr schnell, ohne das jemand »iiiiiii« schreit und auf die »richtige« Taste deutet. Es verunsichert nur und verhindert, daß das Kind von sich aus ein Gefühl für Töne entwickeln kann.

Jede Handlung, die wir lernen wollen, muß im EIN-STEIGER-BEREICH (Erdgeschoß) beginnen und kann erst im ersten Stock weitergeführt werden, wenn wir dort angelangt sind, egal wie jung oder alt wir sind. Nun gibt es (je nach Komplexität der zu lernenden Handlung) mehrere Fortgeschrittenen-Levels (Mensch ärgere dich nicht dürfte weniger komplex sein als vieles, was unsere Kinder in der Schule lernen sollen). Dann sehen wir ziemlich weit oben im LERNBERG den Level (P/E), auf dem wir (P = PROFIS und E = EXPERTEN) finden; ganz oben sitzt der Meister. Denken Sie an Violin-SpielerInnen: Im Einsteigerbereich spielt man »herum« und probiert, was Spaß macht. In den Fortgeschrittenen-Bereichen beginnt man »ernstlich« zu üben, hier ist man zu Geduld und Disziplin bereit. Im höchsten Fortgeschrittenen-Bereich kann man erste Erfahrungen in Orchestern suchen. Im P/E-Bereich kann man sich für ein philharmonisches Orchester (oder eines auf ähnlich hohem Niveau) bewerben, aber nur Meister können als SOLISTEN Violin-Konzerte geben.

Theoretisch könnte man alle Tätigkeiten (Handlungen), die man lernt (inklusive in der Schule), vom EIN-

STEIGER- zum MEISTER-Niveau betreiben, aber viele mögliche Fertigkeiten wurden uns von Anfang an »vermiest«, wenn die Leute, die uns helfen sollten, sie zu erlernen, gleich im ersten Stock die Leiter anlegen, während wir noch im EINSTEIGER-BEREICH sind. Jetzt verstehen wir den großen Vorteil, den die WENI-GEN Kinder aus »gutem Hause« haben: Sie sind in vielen Bereichen von Eltern und Familienmitgliedern bereits **spielerisch vom Erdgeschoß in den ersten Stock gebracht worden**, deshalb merken sie es nicht, wenn Lehrkräfte für EINSTEIGER zuviel verlangen. Aber die VIELEN Kinder aus bildungs-FERN-en Fa-milien sitzen im Erdgeschoß. Demzufolge geht der Unterricht regelmäßig an ihnen »vorbei«. Nun leitet sich dieses Denk-Modell aus der Gehirnforschung ab; da aber viele LehrerInnen diese Zusammenhänge noch nicht kennen, insbesondere wenn sie **brav anwenden, was sie in ihrer Lehrer-Ausbildung gelernt haben**, müssen sie annehmen, es müsse irgendwie an den Kin-dern liegen. Die WENIGEN Kinder aus bildungsnahen Familien scheinen ja zu beweisen, daß der Unterricht in Ordnung war, denn diese Kinder können ja lernen und weiterkommen. **Daß diese Kinder in Wirklich-keit bereits als Fortgeschrittene in die Schule kom-men, muß sich erst herumsprechen.**

Gleichermaßen haben Kinder von Musikern Vorteile bei allem, was mit Musik zu tun hat, Kinder von Gei-

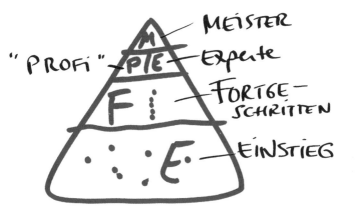

stesarbeitern bekommen sprachlich meist ein hervorra-
gendes Fundament zu Hause und das Kind des Schrei-
ners tut sich in Handwerken leichter.

**Frage: Was bieten Sie Ihren Kindern?** Beruflich?
Was bieten Sie Ihnen privat? Je mehr **Kopf-Spiele** Sie
spielen, desto mehr helfen Sie Ihren Kindern; je mehr
vor der Glotze gesessen wird, desto schlechter (für junge Geister). Mißverstehen Sie mich nicht, es gibt her-
vorragende Sendungen, auch solche mit hohem Bil-
dungswert (z. B. BBC-Exclusiv-Serien), aber: Ein
junges Hirn, das noch nicht genügend Übung hatte,
selbst Gedanken und Sätze zu formulieren, wird durch
**passiven Konsum** dazu erzogen, diese wichtige Fähig-

keit nie richtig auszubilden. **Da man in der Schule ebenfalls viel zu viel passiv konsumieren muß** (sogenannter Frontal-Unterricht), bieten sich auch hier für SchülerInnen wenig Chancen, zu trainieren, wie man eigene Gedanken formuliert. Wenn man zu Hause viel **passiv fernsieht** und in der Schule **passiv »Unterricht hört«, wann** soll man denn lernen, was man braucht (was übrigens in den höheren Klassen gefordert wird, unabhängig davon, ob die Kinder je eine Chance hatten, es zu lernen). Je mehr Sie Ihren Kindern zu Hause bieten, desto besser seine Chancen (vgl. mein DVD-Doppelset: *Kopf-Spiele* mit 22 Episoden à 15 Minuten, es enthält viele Anregungen, auch für Einsteiger-Familien und Freundeskreise).

Wir sollten auch unterscheiden zwischen einer **Handlung** und dem **Reden darüber**: Je höher wir im LERNBERG kommen, desto interessanter wird es, (auch) über die Handlungen zu REDEN, aber im Erdgeschoß ist das REDEN schädlich. Grammatik-Erklärungen sind kein Ersatz dafür, Tausende von Sätzen im normalen Sprachgebrauch GESAGT zu haben. Grammatik bedeutet DARÜBER REDEN, oft mit Kindern, die »es« nicht oft genug ERLEBT hatten, um das Gerede überhaupt verstehen zu können. Im höheren FORTGESCHRITTENEN-BEREICH macht es Spaß, im EINSTEIGER-BEREICH ist es nur unverständlich. Übrigens lernen Kinder Sprache 100 % PERFEKT (= genauso gut/schlecht, wie die Umgebung sie spricht).

Hier zählen die Vorbilder vom Elternhaus mehr als alles anderes. Kommt ein Kind als Fortgeschrittener in die Schule, kann sie ihm nicht schaden, nicht einmal mit Grammatik-Übungen. Andernfalls … Im EIN-STEIGER-BEREICH lernen Kinder weitgehend unbewußt über Imitation, also das klassische Vormachen und Nachmachen (wofür in der Schule wenig Gelegenheit ist), Kinder LEBEN nach, was man ihnen vorlebt. Das gilt nicht nur für die Sprache selbst, das gilt auch für die Art, wie wir miteinander sprechen. Deshalb ist es verwunderlich, wenn Eltern, die selbst aggressiv herumschreien, in diesem Tonfall Respekt von den Kindern fordern (z. B. »Wage es ja nicht, in diesem Ton mit mir zu reden!«). Wenn **das** der Ton ist, den man **vorlebt**, welchen Ton soll das Kind lernen? (Vgl. auch ☞ Qualität.)

## LERNBERG

Das Modell wurde im letzten Abschnitt bereits erklärt. In den Lehrer Seminaren habe ich Wege und Methoden aufgezeigt, wie man UNTEN einsteigt, dann wird der LERNBERG hochgehoben. Interessenten seien auf die jährlichen DVD-Mitschnitte (Lehren – Trainieren – Ausbilden) ab 2005 verwiesen, sie enthalten viele dieser Ansätze. Lehrer finden auch viele konkrete praktische Methoden (siehe nächster Punkt) in meinem Buch *Trotzdem LEHREN*, denn viele der damals im Lehramts-Studium angebotenen Methoden sind optimal für

Kinder aus bildungsnahen Familien ausgelegt und werden die Chancengleichheit, von der seit Generationen geredet wird, NICHT verwirklichen. Die PISA-Sieger haben umgestellt, wann tun wir es auch?

## LERNEN (GEGENTEIL ☞ PAUKEN, S. 71)

Wir unterscheiden scharf zwischen drei Arten des Lernens: Erstens dem üblichen sturen (dummen) ☞ PAUKEN (auch Büffeln genannt), zweitens dem echten LERNEN, das sich einstellt, wenn wir etwas begriffen haben (☞ WISSEN SPEICHERN – WIE?, S. 105, für »Theorie«), und drittens dem Erlernen von Bewegungsabläufen durch ☞ TRAINING (S. 88). Je weniger wir PAUKEN, desto mehr Spaß macht es (☞ FLOW, S. 40), und umgekehrt: Wer Lernen für unangenehm, schwierig, frustrierend etc. hält, verwechselt Lernen mit PAUKEN – und das ist ein vollkommen anderer Vorgang!

## METHODEN-WAHL?

Normalerweise fragen wir, inwieweit unsere **Intelligenz angeboren** oder **erworben** ist. Früher ging man von den **zwei** Faktoren aus: **genetisch** und **umweltbedingt**. Der amerikanische HARVARD-Professor Dave PERKINS jedoch kam (nach über 40 Jahren Forschung) zu einem **anderen Ergebnis**: Er sagt, wir sollten **drei** Aspekte unterscheiden, wobei wir zwei davon lebenslang beeinflussen und verändern können.

Das ist sein bahnbrechendes Konzept der LERN-BAREN INTELLIGENZ. Diese hat mit dem, was der IQ mißt, nichts zu tun (☞ IQ-Tests, S. 44). Wir werden die ersten beiden Faktoren nur andeuten, denn der dritte (METHODEN-WAHL) interessiert uns am meisten.

## 1. NEURONALE GESCHWINDIGKEIT

Es geht um die angeborene **neuronale Geschwindigkeit**, also um das **Tempo**, in dem unsere Neuronen **feuern**. Neuronal Langsame tun sich anfangs mit NEUEN Infos schwer, können später aber genauso schnell denken, wenn sie es mit bekannten Faktoren zu tun haben, d. h. sie können mit dem zweiten Faktor den ersten sehr gut ausgleichen. Wichtig ist, daß das neuronale Tempo ANGEBOREN ist und daß Eltern sowie Lehrkräfte hier viel kaputtmachen können, wenn sie ihr eigenes Tempo für »gottgegeben« (»normal«) halten und Kinder verrückt machen, die mit Neuem langsamer oder schneller umgehen als sie selbst. Lernen Sie also, **das TEMPO anderer zu respektieren!**

## 2. ERFAHRUNGEN UND WISSEN

Hier geht es um Dinge, die wir **gelernt** haben (sowohl WISSEN als auch Fertigkeiten, Ball oder Klavier spielen, Kochen, Englisch sprechen, eine Lan-Party planen etc.). Hier gilt: **Je mehr wir wissen und können**, desto leichter können wir mehr lernen. Wer schon ein wenig über Biologie weiß, tut sich leichter, wenn er mit Chemie beginnen soll, als jemand, der noch gar nichts weiß (und umgekehrt). Daher gilt:

> **Was immer wir lernen, auch privat, ist Teil unseres Wissens-Netzes und hilft später, NEUE INFOS »einzuhaken«.**

Aber am meisten hilft uns den Rest unseres Lebens, was wir einmal begriffen haben. Das heißt:

> **Wer Kinder** (in der Schule oder zu Hause) **möglichst viele Fakten** ☞ **PAUKEN** (S. 71) **läßt, tut ihnen keinen Gefallen.**

Nur was wir verstehen, was uns hilft (die Welt, ein Thema, andere Menschen, ein Gedicht etc.) zu verstehen, wird langfristig **Teil unseres Wissens-Systems**. Alles andere kann nicht »eingebunden werden« und ist vergebliche Liebesmüh. Es mag **kurzfristig** reichen, z. B. um eine Prüfung zu bestehen, aber **später wissen wir nichts**, weil es nie wirklich Bestandteil unseres Wissens-Netzes war. Weiter gilt:

> **Je mehr wir wissen, auf desto mehr Infos** (Daten, Fakten, Erfahrungen etc.) **können wir zurückgreifen, wenn wir denken wollen.**

Also können wir **intelligenter denken.** Das ist sein Hauptanliegen, deshalb spricht PERKINS von **lernbarer Intelligenz**! Die neue Gehirnforschung zeigt eindeutig: Es ist nie zu spät. Wir können auch im hohen Alter noch zu lernen beginnen, was unser Gehirn auf Trab bringt (☞ NEUROGENESE, S. 63).

### 3. WIR KÖNNEN WÄHLEN!

PERKINS nennt diesen dritten Aspekt **reflexive Intelligenz**, damit meint er unsere Fähigkeit, **über die Methoden, Strategien und Techniken** (wie wir denken, lernen, Probleme lösen etc.) **nachzudenken**! Dies ist sein großer Geniestreich: Indem wir die Methode ändern, ändern wir die Ergebnisse! In meinem Buch *Der persönliche Erfolg* (15. völlig überarbeitete Auflage, Herbst 2007) sage ich hierzu:

Interessanterweise tut man das **in allen Bereichen des Lebens, mit Ausnahme des Schulsystems.** Wenn jemand erfährt, daß ein Nachbar einen Trick gefunden hat, mit dem man ein Problem beim GRILLEN lösen kann, will er diesen Trick LERNEN und anwenden, er will also INTELLIGENTER GRILLEN. Hört jemand von einem Kollegen, der etwas geschafft hat, was ihm bisher nicht gelungen ist, dann möchte er wissen, wie der Kollege das gemacht hat (und hofft, daß dieser es ihm verraten wird). Hören Sie, daß eine Freundin nach der Birkenbihl-Methode Fremdsprachen lernt und daß dabei das ☞ PAUKEN von Vokabeln VERBOTEN,

Grammatik jedoch erlaubt (aber nicht nötig) ist, dann könnte Sie das interessieren? Insbesondere, wenn die Freundin Ihnen verrät, daß sie **in der Schule immer dachte, sie hätte absolut kein Talent für fremde Sprachen**. Nun sind Sie neugierig, richtig? Es ist doch **sinnvoll, neugierig zu werden**. Überall, auch im Geschäftsleben, wollen Leute erfahren, wie andere Dinge besser machen. Hauptziel der meisten Seminare ist es, Patent-Rezepte (Techniken, Methoden, Strategien etc.) anzubieten. Es ist sogar das Gegenteil wahr: Firmen müssen neue Methoden, Technologien, Erfindungen etc. regelrecht **verstecken** (Pläne im Safe) und verheimlich-en, **weil die Konkurrenz sie nachahmen und ähnlich erfolgreich werden würde**.

Und die **Schule**? Da kümmert man sich noch immer viel zu wenig darum, was an Privatschulen oder in Pilotprojekten dermaßen gut »funktioniert«, daß manche Schulen angebliche SchulversagerInnen zum Abitur bringen. Man beachtet nicht, daß SchülerInnen, die ein Instrument spielen, in allen Fächern besser werden, weil das regelmäßige Üben eine positive Wirkung auf die Lernfähigkeit im allgemeinen hat (☞ NEURO-GENESE, S. 63). Hinzu kommt, daß das Spielen im Orchester die soziale Kompetenz stärkt. Ebenso kümmert es im Schulbereich kaum jemanden, daß es sich international bewährt hat, wenn Schüler ein Theater-Projekt pro Jahr machen. Hier können die »Stillen« im Hintergrund wirken (z. B. als Beleuchter, Kulissenmaler, Kostümdesigner, Assistent der Regie etc.), andere können kleinere oder größere Rollen auf der Bühne übernehmen, wieder andere können sich schriftstellerisch betätigen und am Drehbuch arbeiten, wieder andere erstellen das später zu druckende Programm etc. Hier lernen SchülerInnen einmal pro Jahr, wie es ist, Teil eines großen Projektes zu sein. Auch diese Aktivitäten strahlen auf die Lernleistungen im allgemeinen aus, sie stärken das Wir-Gefühl der SchülerInnen und LehrerInnen miteinander und das gemeinsame Wir-Gefühl aller Mitglieder dieser Schule (gegen die Welt da draußen), es stärkt das Wir-Gefühl von Schule und Eltern etc. Ich könnte das ganze Buch mit solchen Ideen füllen, die Schulen bei uns NICHT aufgreifen, weil sie **PERKINS 3** nicht kapiert haben: **Wechsle die Methode und werde de facto INTELLIGENTER!**

Also werden wir wohl weiterhin viele Schwachstellen des Systems beobachten müssen, z. B. daß die meisten Nachhilfestunden für Sprache »draufgehen« (Muttersprache und Fremdsprachen). Das bedeutet natürlich, daß bildungs**ferne** Familien sich das nicht leisten können (bzw. wollen), und so geben wir gerade jenen Kindern, denen die Schule bieten sollte, was zu Hause fehlt, diese Chance NICHT. (Statt dessen geht man weiterhin davon aus, die Schüler müßten wohl des-interessiert, faul, etc. sein.)

## NACHHILFE – JAHRELANG?

Wenn NACHHILFE echte Hilfe zu besserem LERNEN
wäre, bräuchte man sie nicht jahrelang zu finanzieren
(was wiederum heißt, daß viele Eltern sie sich auf Dauer
nicht leisten können). Wenn Nachhilfe echte Hilfe darin
wäre, wie man richtig lernt (im Gegensatz zum üblichen
☞ PAUKEN, S. 71), dann würden SchülerInnen in zu-
nehmendem Maße lernen, selbst zu lernen. Bei meiner
Methode des Sprachenlernens rechnen wir mit drei Monaten plus Zehnerkarte. Das heißt: In drei Monaten haben die SchülerInnen die neue ☞ METHODE (S. 56)
gelernt. Mit der Zehnerkarte können sie in den nächsten
Jahren noch zehnmal kommen, ohne bei den Eltern
um eine weitere Stunde zu bitten, um ab und zu Rat zu
holen, wenn sie alleine nicht weiterkommen. Prüfen Sie
also, ob man Ihnen einen langfristigen Vertrag »aufs Au-
ge drücken will«, oft mit »halbjährlicher Kündigung«,
woran Sie ersehen können, daß hier das Übliche passiert: Mehr pauken mag **kurzfristig** erfolgreich sein,
aber die SchülerInnen werden **nicht auf größere
Selbständigkeit vorbereitet**. Das SPIEGEL-SONDER-
HEFT »LERNEN« berichtete (2004), daß NACH-
HILFE-Schüler zwar bessere Noten erhalten, aber **nur,
solange sie weiterhin Nachhilfe-Unterricht erhalten,**
d. h. sie **lernen nicht, wie man autonom lernt** – und
das ist ja eigentlich Ziel und Versprechen des Dienstlei-
sters (der die Nachhilfe anbietet). Dafür nimmt er Geld,
nicht für jahrelanges SchülerInnen hilflos halten, das

bietet die Schule ja bereits. Also, Nachhilfe muß nicht immer das Bestmögliche für Ihre Kinder sein, Lernen in Gruppen mit Klassenkameraden oder SchülerInnen, die ein bis zwei Jahre voraus sind und dieses Fach mögen, kann weit mehr bringen. Ältere Schüler können oft hervorragend coachen, wesentlich ist immer: **Man kann nur erfolgreich vermitteln, was man selbst gut kann.** Daher gilt auch: **Wer nur PAUK-Methoden kennt, kann keine echten Lern-Methoden vermitteln.** Deshalb sollten Eltern mehr um diese Dinge wissen, damit sie besser nachhaken können, um zu klären, welche Art von Nachhilfe man ihnen anbieten will.

## NEUROGENESE

Beginnen wir mit dem BEGRIFF: Dieses Fachwort sollten Sie kennen, denn es wird in Zukunft ein wichtiges Wort, wenn mehr und mehr Menschen erfahren, worum es geht! Es besteht aus zwei Teilen: **NEURO** (Neuron = Gehirnzelle) und **GENESE** (= Schöpfung, Wachstum); Sie kennen vielleicht GENESIS (= die Schöpfungsgeschichte in der Bibel) oder GEN und GENETIK; sie alle enthalten die Idee von etwas, das GESCHAFFEN wird. Früher hatte der Begriff NEUROGENESE nur eine Bedeutung, neuerdings hat er zwei:

1. **Mit dem Begriff der EMBRYONALEN NEUROGENESE** beschrieben Fachleute das NERVEN-WACHSTUM des Embryos (Baby im Mutter-

leib = Embryo). Lange dachte man, Nervenzellen seien die einzigen Zellen, die nach der Geburt NICHT nachwachsen, aber das ist falsch. Daher leitet sich die zweite (neue) Bedeutung ab:

2. **ADULTE NEUROGENESE**. Mit ADULT (vgl. Englisch) sind Erwachsene gemeint. Sie haben den Begriff auch schon in bezug auf Stammzellen gehört (auch hier gibt es embryonale und adulte). Um eine ziemlich komplexe Sache ein wenig zu vereinfachen, können wir feststellen:

- **LERNEN ist nur möglich**, solange die (adulte) NEUROGENESE stattfindet. Hört sie auf (egal, ob der Betroffene 19 oder 91 Jahre alt ist), wird LERNEN UNMÖGLICH.

- **NEUROGENESE** ist aber auch **abhängig von BEWEGUNG**: Findet zu wenig statt, wird sie träge und hört auf. **Wir bewegen uns heutzutage ganz allgemein viel zu wenig.** Da wir aber insbesondere unseren SchülerInnen zu wenig Bewegung ermöglichen, ist es kein Wunder, daß gerade Schulen (die Orte des Lernens sein sollten) das LERNEN auf Dauer ver-UNMÖGLICH-en, wenn die NEUROGENESE zum Stoppen gebracht wird.

- **LERNEN ist kein LUXUS**, auf den wir verzichten können, denn LERNEN bedeutet nicht PAUKEN (oft unsinniger isolierter Infos), sondern neurophysiologisch ist LERNEN jedes

Sich-Einstellen-Können auf NEUES, also auch auf UNERWARTETES. Jemand, der nicht mehr LERN-FÄHIG ist, kann mit Unerwartetem auch nicht mehr umgehen und wird völlig hilflos. (Vgl. auch ☞ neuronale Geschwindigkeit, S. 57). LERNEN ist ÜBERLEBENS-NOT-WENDIG, weil ein Organismus, der nicht weiter lernen kann, bei Veränderungen in seiner Umwelt »verrückt« wird und regelrecht »ausrasten« kann. Personen, deren NEUROGENE-SE gestoppt wurde (z. B. Alzheimer-Patienten), reagieren völlig hilflos, wenn etwas Unerwartetes passiert, weil sie sich nicht mehr darauf einstellen können. Das heißt, **NEUROGENESE** erlaubt uns, uns auf NEUES einzustellen, sei dies **NEU-UNERWARTET** oder **NEU-NEU** (im Sinne von vorher nie Gekanntes).

▢ **Hört die NEUROGENESE auf**, warnt der Organismus durch **DEPRESSION**. Sie ist ein SYMPTOM eines unter der Oberfläche liegenden Prozesses. Deshalb sollte man schnell »hellhörig« werden (z. B. leiden Krebskranke während und nach den Bestrahlungen unter Depression, wenn die Bestrahlung die NEUROGENESE kurzzeitig unterbricht).

▢ **DEPRESSION** äußert sich als allgemeine »Lustlosigkeit« (null Bock auf nix) und wird vom »ewigem Herumhängen« begleitet. Das Ge-

genteil ist der sogenannte UNTERNEHMUNGS-
GEIST. Stellt sich jedoch der Zustand des NULL
BOCK ein und bleibt er über einige Tage lang erhalten, dann ist dies ein ernstes Anzeichen, daß
etwas nicht stimmt.

- **Gewisse Anti-Depressiva** (wie Prozac) können
helfen, das Problem zu lösen, weil sie die **NEU-
ROGENESE wieder ankurbeln können**, aber
sie dürfen nur unter ärztlicher Aufsicht genom-
men werden. Läßt man die Jugendlichen mit ihren Problemen und dem LEIDEN allein, dann
darf man sich nicht wundern, wenn sie unbewußt versuchen, das Problem mit DROGEN anzugehen. Natürlich sind es oft weder die richtigen Drogen noch die richtige Dosierung, aber
die Tatsache, daß der DROGEN-KONSUM unter Jugendlichen in den letzten Jahrzehnten ständig zugenommen hat, sollte HELFENDE Maß-
nahmen auslösen, statt eines geldverzehrenden
»Anti-Drogen-Kampfes«, der die kriminellen
Strukturen ständig zwingt, besser und stärker zu
werden (sie sind unseren Polizeikräften immer
einen Schritt voraus), während wir mit dem
Geld Betroffenen helfen könnten. Unsere Dro-
gen-Politik wurde maßgeblich von der amerika-
nischen beeinflußt, nach dem Motto: Die hatten
die Probleme früher, demzufolge auch die Maß-
nahmen dagegen. Wenn die USA sämtliche Ge-

fängnis-Insassen freilassen würden, die wegen geringfügiger Drogen-Delikte »sitzen«, wären über Nacht ca. 60 % aller Gefängisplätze frei. Dort steckt man mehr afroamerikanische Jugendliche ins Gefängnis als den Weg ins College finden, so sorgt man dafür, daß auch die nächste Generation (deren junge Väter sitzen) keine Chance bekommen wird usw. Bei uns ist man auf dem besten Wege, eine ähnliche Entwicklung einzuschlagen, wenn wir nicht endlich begreifen, daß die **Ursache** für einen Großteil der Probleme Jugendlicher die **gestörte NEURO-GENESE** ist und daß wir hier mit Wegsperren nur SYMPTOME angehen. Dabei schießen wir mit Kanonen auf Spatzen, daher können wir das Geld für die Kanonen nicht in besseren Unterricht in kleinere Klassen etc. lenken, wo diese Gelder **die nächste Generation STÄRKEN** (statt schwächen) **würden**.

▢ **DEPRESSION bei Mädchen** kann sich auch in Eß-Störungen, Selbst-Verletzungen oder in Alkohol-/Drogenkonsum äußern. Wenn man bedenkt, daß wir den Produzenten gestatten, ihre Alkoholdrinks mit Zucker so zu versüßen, daß **die natürliche Abwehr des Organismus ausgetrickst wird** (Alkohol schmeckt nämlich bitter, weshalb man ohne Zucker versetzte Drinks weniger trinkt!). Es gibt böse Zungen, die behaupten, die

Alkohol-Steuergelder seien wichtiger für Politiker, die ja nur kurzfristig (bis zur nächsten Wahl denken). Sie können davon ausgehen, daß **deren** Kids auf »bessere« (oder auf Privatschulen) gehen, so daß man die jugendfeindliche Haltung im Land politisch ruhig durchsetzen kann, die eigenen Kinder sind ja selten betroffen. **Hier müssen ELTERN kräftig gegensteuern!** Zu denken, »wir sind damals durch die Pubertät gekommen, unsere Kinder werden es auch schaffen«, ist schlichtweg gefährlich. Zu viele bleiben auf der Strecke – jedes Jahr mehr! Und es könnten Ihre Kinder sein!

**DEPRESSION BEI JUNGEN** schlägt, aufgrund des hohen **Testosteron**-Pegels in der **Pubertät** (bis zum Alter von ca. 25 Jahren) oft in **Aggressivität** um. Je mehr **Aggressivität an Schulen**, desto mehr »tote Gehirne« gibt es dort (das gleiche gilt für **Firmen mit hoher Mobbing-Rate**). Verbessert man das Lernklima, verbessert und verringert sich **sofort** auch die Aggressivität (vom Zerstören der Toilettenanlagen über Graffiti bis zum Verprügeln von Mitschülern/Lehrern). Hinzu kommt das **Bedürfnis nach BEWEGUNG**, das besonders Jungen umtreibt. Da sie ca. 40 % Muskelmasse mit Tausenden von Nervenverbindungen für das Fühlen und Bewegen derselben »anbauen«

müssen, müßten sich Jungen vom Kindergar-
tenalter bis zur Pubertät täglich stundenlang
BEWEGEN (was bei allen Naturvölkern auch
stattfindet). Diesem Bedürfnis könnten Schulen
durch weit mehr SPORT nachkommen, dort
können »rauhe Jungs« sich bei kämpferischen
Sportarten (von Mannschaftsspielen wie Fuß-
ball über Boxen, Ringen u. a. Kampfkünste)
»austoben«, so daß sie eben deshalb AUCH
besser lernen können. Erstens, weil der männliche Körper weit mehr Bewegung braucht (vgl.
mein Buch: *Jungen und Mädchen – wie sie
lernen*), und zweitens, weil Bewegung die NEU-
ROGENESE ankurbelt. Auch zu Hause könnte
man einiges tun, z. B. regelmäßig aufstehen
und fünf Minuten in der Wohnung herumgehen.
Hilfreich sind auch Stehpulte (oder Stepper vor
dem Fernseher und jede Stunde fünf Minuten
steppen).

## NERVENBAHNEN, NEUE

Egal ob wir Dinge lernen, die wir in die Kategorie
**WISSEN** einsortieren oder **VERHALTENSWEISEN**
(= praktisches **KÖNNEN**), es müssen in jedem Falle
neue Nervenbahnen angelegt werden (☞ NEURO-
GENESE, S. 63). Die neuen Nervenzellen nennt man
(wie neue Klosterbrüder) NOVIZEN. Sie entstehen in
einem Gehirnteil (dem HIPPOCAMPUS) und wan-

dern dann in die Regionen, in denen die alten Nervenzellen unterstützt werden müssen. Dabei gilt es, den
Unterschied zwischen WISSEN und KÖNNEN zu
kennen: **WISSEN muß ins Großhirn** (also in die be-
rühmten grauen Zellen, auf die wir zu Recht stolz sind)
gelangen. Wenn wir etwas BEGRIFFEN haben und in-
nerhalb der nächsten ca. zwölf Stunden schlafen gehen, dann sortiert sich das von alleine in das Großhirn.
Das heißt, daß das Gehirn die nötigen WIEDERHO-
LUNGEN von alleine vornimmt, daher müssen wir bewußt nicht zigmal wiederholen (nach Manfred SPIT-
ZER: *Geist im Netz*). Deshalb ist es **wichtig, vor
Prüfungen MEHR zu schlafen**. Wer zu wenig schläft,
kann nicht alles vom Kurzzeit-Gedächtnis (im Hippocampus[2]) ins Großhirn »rüberbringen«, was besonders
dann wichtig ist, wenn man nicht wirklich ge-LERNT,
sondern ge-PAUKT hat, um diese Prüfung zu bestehen.
Lernen wir hingegen Verhalten, also KÖNNEN, dann
läuft der Lernweg anders: Hier müssen wir die Wiederholungen bewußt und aktiv durchführen. Wir können
den Weg durch MENTAL-TRAINING verkürzen, aber
hier muß der LERNPROZESS ins KLEINHIRN gelangen. Das ist sozusagen unser »Speicher« für automati-

---

2  Nein, es ist kein Zufall, daß wieder jener Gehirnteil mitspielt: Dem
   Hippocampus kommen diverse Pflichten zu, die alle helfen, NEUES
   in unser Bewußtsein einzugliedern; deshalb erstaunt es nicht so sehr,
   daß gerade hier die NOVIZEN nachwachsen, ohne die Lernen unmöglich wäre.

sierte HANDLUNGEN aller Art, z. B. das Schalten (im Auto), alle Handgriffe komplexer Handlungen etc. Weil das Kleinhirn ein anderer Typ von Speicher ist, ist der Lernprozeß ein ganz anderer (siehe ☞ TRAINING, S. 88).

## PAUKEN

Mit PAUKEN meinen wir das sture Einbleuen, Büffeln, Pauken isolierter Daten, Fakten und Informationen, die uns entweder nicht interessieren und/oder die wenig/keinen SINN bieten. Wenn man versucht, die sinnlose PIN-NUMMER zu PAUKEN, dann ist das in Ordnung: Viel Aufwand mit wenig Ergebnis, aber für

die paar Ziffern zu schaffen. Nicht o.k. ist es, größere Mengen an Infos ebenso PAUKEN zu wollen.

## QUALITÄT

Denken Sie immer daran, daß Sie Vorbild sind – ob Sie wollen oder nicht. (Wir sprachen bei ☞ LERN-BERG, S. 55, und ☞ KRITIK, S. 48, darüber.)

Ähnlich, wie Ihre Kinder **automatisch** Ihren Tonfall nachahmen werden, übernehmen sie viele Aspekte des häuslichen Familienlebens, z. B. die **Qualität Ihrer Sprache**. Wird also daheim nur **Dialekt** gesprochen, der im Vergleich zur **Hochsprache** eine Reihe von Wendungen enthält, die in der Schule als FALSCH eingestuft und mit schlechten Noten bestraft werden, dann geben Sie Ihren Kindern **keine gute Basis für die Schule**. Beispiel: Wiewohl Grammatik-Übungen (vor allem bei kleinen Kindern absolut nichts bringen, lieben manche LehrerInnen sie, denn eine Grammatik-Übung kann man äußerst objektiv benoten (im Gegensatz zu einem Aufsatz). Wenn also die Lehrkraft eine **Grammatik-Übung zum Genitiv** einsetzt, dann können Kinder, die zu Hause Hochsprache **gewöhnt sind**, **sie sofort fehlerlos absolvieren** (sie sitzen also schon im ersten Stock des ☞ LERNBERGs) und aus »Vater + Hut« ohne Probleme »des Vaters Hut« bilden. **Was aber soll ein Kind tun, das zu Hause nie etwas anderes als »dem Vater sein Hut« gehört hat? Es kapiert überhaupt nicht, was da im Unterricht pas-**

**siert.** Es kennt ja keine Genitiv-Form, es hat sie nie gehört. Merkt die Lehrkraft, daß der Genitiv bei diesem Kind »fehlt«, dann sagt sie vielleicht: »Übe das bitte zu Hause, ja?« Sie mag es ja sehr gut meinen, nur: **Wie soll das Kind zu Hause etwas üben, womit ihm kein Mensch helfen kann, weil niemand sich damit auskennt?** Wie soll es üben, was es nie BE-GRIFFEN hat (das erwähnten wir bereits bei ☞ HAUSAUFGABEN). Also: Vielleicht legen Sie eine Checkliste an, um die QUALITÄT gewisser Dinge zu beurteilen, **die Ihr Kind zu Hause vorfindet.** Denken Sie auch an »weiche« Faktoren wie **Herzenswärme, Gastfreundschaft,** jemanden **TRÖSTEN** können und andere wichtige Dinge, die bei Ihnen daheim »passieren«. Das folgende ABC bietet einige erste Anregungen. Fügen Sie alles, was Ihnen fehlt, hinzu. Solange Ihre Kinder in der Schule erfolgreich sein sollen/wollen, sind einige dieser Punkte **den Kindern zuliebe** notwendig!

- AUSSPRACHE
- BETEN?[3]
- CHARAKTER (Ehrlichkeit? Zuverlässigkeit?)
- DIALEKT vs. HOCHSPRACHE?
- ERINNERUNG: regelmäßiges Reden über Erlebnisse der Familienangehörigen trainiert das »Dar-

---

3 Unabhängig von spezifischen Religionen ist erwiesen, daß regelmäßiges BETEN das eigene Immunsystem stärkt!

überreden« (viele junge Leute können sich außer »voll kraß … eh?!« oder »Gehste McDonald?« überhaupt nicht äußern, weil zu Hause nicht geredet wird und sie in der Schule zuviel schweigend zuhören sollen)!

- FRAGEN FORMULIEREN, FRAGE-TECHNIK
- GASTFREUNDSCHAFT, GÜTE
- HERZENSWÄRME
- INTERESSEN: Wenn keine Interessen gepflegt werden, gibt es keine Vorbilder und keine Vorschläge, wofür sich die Jungen interessieren könnten.
- KÖRPERLICHE FITNESS
- LIEBEVOLLER UMGANG MITEINANDER
- MUT VORLEBEN (Von Zivilcourage bis zu dem Mut, die täglichen Probleme anzugehen, statt herumzujammern und zu lamentieren, wie viele es tun …)
- NATUR ERLEBEN: Wann haben Sie zum letzten Mal gemeinsam mit der nächsten Generation Natur ERLEBT? (Die Cola im Eiscafé ist nicht wirklich Natur ERLEBEN).
- ORIENTIERUNG: Welche Orientierung geben Sie der Jugend? Rückwärtsgewandte Industrie-Programme oder vorwärtsgewandt ins Wissens-Zeitalter?
- PROBLEMLÖSE-STRATEGIEN?
- QUALITÄT: Denken Sie regelmäßig darüber nach, welche QUALITÄT Sie Ihrem Nachwuchs bieten? (Dann lesen Sie dieses ABC regelmäßig und ergänzen es durch eigene Punkte.)

- REPERTOIRE kann nur durch Training erworben und weiterhin systematisch verbessert werden. Auf welchen Gebieten (handwerklich, sportlich, musikalisch oder geistig) leben Sie Ihren Kindern stetiges Besserwerden vor?
- SPARVERHALTEN (Geld)
- SPIELE im Familienkreis, Strategie-Spiele
- TROST SPENDEN (Eine der ganz großen menschlichen Fähigkeiten!)
- URTEILSVERMÖGEN ist einer der wichtigsten Aspekte von wirklicher Intelligenz (Gegensatz IQ), über das sich alle Forscher einig sind: Intelligenz bedeutet, Unterscheidungen vornehmen zu können, Urteilsfähigkeit, immer gekoppelt mit Wissen, da man ohne Wissen nichts beurteilen kann (was viele Journalisten leider nicht wissen).
- VERANTWORTUNG: Leben Sie der Jugend vor, daß und wie man Verantwortung übernimmt für vergangene Worte (z. B. Versprechen) und Handlungen?
- WELLNESS (Massagen, Entspannung, Meditation)
- ZUHÖREN (Gegenteil: andere unterbrechen, niederschreien etc.)

## RÄTSELSPIELE

Neil POSTMAN, ein großer amerikanischer Medienwissenschaftler (und Gesellschaftskritiker) stellt fest, daß wir nicht nur nichts tun, um die den Kindern angeborene FÄHIGKEIT, Fragen zu stellen, zu FÖRDERN, sondern im Gegenteil, wir vernichten die Anlage vollkommen. Er spricht zwar von den USA, aber die Entwicklungen aller Industrie-Nationen sind ähnlich genug, daß wir uns den Stiefel ruhig auch anziehen sollten. Er macht eine Feststellung, über die man ruhig öfter nachdenken sollte:

> **Kinder betreten die Schule als Fragezeichen und verlassen sie als Punkt.**

Wenn Sie diesen Satz in Zeitlupe auf sich wirken lassen, merken Sie, daß er die Misere im Schulsystem perfekt beschreibt. Ich weise seit Jahrzehnten darauf hin, daß in der Schule die meisten Fragen von den Lehrern gestellt werden sowie daß es sich um Pseudofragen handelt (weil der Lehrer die sogenannten richtigen Antworten kennt, die er den SchülerInnen entlocken will) und diese Fragen nicht dazu beitragen, echtes Denken anzuregen. Im Gegenteil: Die SchülerInnen versuchen krampfhaft, die »richtige« Antwort zu »finden«, wenn die Fragen gestellt werden, NACHDEM ein Thema »durch« ist, ehe man es abhakt. Diese Fragen können keine Denkprozesse anregen. Auch sogenannte Prüfungen pervertieren die Funktion intelligenter Fragen, die nämlich darin besteht, den Geist zu öffnen, Neugierde zu wecken, Denkprozesse auszulösen.

ELTERN können viel dazu beitragen, wenn sie mit den Kindern so oft wie möglich **RÄTSEL-SPIELE** spielen. Angefangen von »Ich sehe was, was du nicht siehst« bis hin zu interessanten Rätsel-Rate-Spielen (die mit Ja-/Nein-Fragen gelöst werden). Interessanterweise werden Gruppen, die regelmäßig spielen, besser (alle Teilnehmer), d. h. **auch ohne Coach kann man die Fähigkeit zu fragen trainieren**. Dies liegt daran, daß uns **die Fähigkeit zur Frage als angeborene Anlage** (genetische Disposition) in die Wiege gelegt wurde. Deshalb entwickelt sie sich recht flott, wenn man regelmäßig spielt. Weil das so wichtig ist, habe ich ein Büchlein geschrieben, das neue Rätsel enthält (*Intelligente Rätsel-Spiele*). Der/die SpielleiterIn liest das Rätsel vor und er/sie ist die einzige Person, die **vorab die Lösung kennt**. Deshalb kann sie antworten. Wenn man die Rolle des Spielleiters abwechselt (man kann sie z. B. auslosen), kann jede/r einmal raten bzw. antworten. Die Textstellen dazwischen werden gemeinsam gelesen (eine/r liest vor), immer nur ein bis zwei Seiten, ehe wieder geraten wird. Nach einer Weile haben Sie die Infos bezüglich **Fragetechnik** wahrgenommen. Es findet sich im Buch eine Stelle, aus der hervorgeht, wie tief Ihr Training wird, wenn Sie **dasselbe Rätsel mehrmals** angehen, so daß Sie am Ende des Buches noch einmal von vorne anfangen können.

## SINN

Die Gehirnforschung hat endlich bewiesen, was einige einsame Rufer in der Wüste (inkl. meiner Wenigkeit) seit Jahrzehnten behaupten: Wir können nur LERNEN (im Gegensatz zu sturem PAUKEN für die nächste Prüfung), was wir **begreifen**. Wenn wir aber etwas verstanden haben, ist die Lern-Aufgabe schon weitgehend gelöst: Der Mensch ist ein SINN-SUCHER. Findet er einen SINN, dann ist dieser zwangsläufig auch schon ge-MERK-t. MERK-en Sie es? Wer etwas **auf-MERK-sam** wahrnimmt und verstehen kann, findet es SINN-**voll**. Nur Dinge, die keinen Sinn ergeben, sind SINN-**los**, man muß sie ☞ PAUKEN (z. B. Ihre Pin-Nummer; fremde Namen, deren Sinn wir nicht erkennen können; Fachbegriffe, die uns »nichts sagen«; geschichtliche Daten, die ohne Verständnis für geschichtliche Zusammenhänge angeboten werden etc.).

## SPIEGELNEURONEN

Es gibt besondere Gruppen von Nervenzellen im Gehirn, die eine besondere Bewandtnis haben: Angenommen Sie lernen, Spaghetti aufzurollen, dann entwickeln Sie eine spezielle SPAGHETTI-NEURONEN-Gruppe, die immer aktiv wird, wenn Sie:

- anderen zusehen, die Spaghetti aufrollen,
- selbst Spaghetti aufrollen (nach dem Lernprozess erlauben diese sogenannten Spiegelneuronen die Handlung),

- daran denken, daß Sie mal wieder Spaghetti rollen möchten, oder
- wenn jemand Spaghetti aufrollen ERWÄHNT.

Dies[4] hat Konsequenzen, die sich alle ErzieherInnen, Lehrkräfte und ELTERN regelmäßig bewußt machen sollten:

1. Wir können extrem gut lernen, wenn wir anderen zusehen dürfen, aber genau dieser Lernweg, den wir über Tausende von Generationen lang genutzt haben, ist in der heutigen Zeit fast verschwunden. Früher saß man einem Meister einige Jahre lang »zu Füßen« und danach konnte man auch sehr komplexe Dinge, die einem nur teilweise erklärt worden waren. In Mexiko gibt es eine Teppichknüpferei (die hochkomplexe Muster knüpft), dort schauen die zukünftigen Knüpferinnen zwei Jahre zu, wie es geht, erst danach übernehmen sie und knüpfen selber! In Nomaden-Gesellschaften gucken die Jungen zwei bis drei Jahre lang zu, ehe sie komplexe Pflichten übernehmen und z. B. eine große Herde 15 Kilometer weit zum Was-

---

4 Der Vollständigkeit halber will ich auch erwähnen: Es gibt auch SPIEGEL-NEURONEN für EMPATHIE, man geht davon aus, daß die Natur sie »erfunden« hat, damit wir uns schneller und besser in andere »einfühlen« können, was das Überleben in Gruppen maßgeblich erleichtert (vgl. Joachim BAUER: *Warum ich fühle, was du fühlst*). Aber in unserem Zusammenhang interessiert uns der Aspekt, über den wir hier sprechen, besonders.

ser treiben (sie sind inzwischen ca. sieben Jahre alt!). In unserem Schulsystem wird eine Rechenaufgabe EINMAL an die Tafel geschrieben und gleich danach werden ähnliche Beispiele gerechnet. Für neuronal Langsame geht dies zu schnell; sie begreifen den Prozeß nicht wirklich. Dann schickt man sie mit der Ermahnung, daheim zu üben (und Lücken zu schließen), nach Hause. In bildungs-NAHEN Familien ist immer jemand da, der helfen kann, bei den anderen wird das Kind mit seinen Nöten alleine gelassen. Die normale Nachhilfe macht es genau wie in der Schule. Daher: Wenn Sie eine Nachhilfe-Sitzung mit Ihrem Camcorder mitschneiden (notfalls einen leihen) und die Szene dann auf DVD pressen, dann kann Ihr Kind die Szene so lange anschauen (und SPIEGELNEURONEN BILDEN), wie es will. Merke: Je exakter die Vorlage wiederholt wird, bis man kapiert hat, desto leichter wird es DANACH, wenn das Prinzip verstanden wurde. Nicht nur das, es macht echt Spaß, Dinge zu üben, die wir kapiert haben (vgl. ☞ FLOW, S. 40).

2. Sind die SPIEGELNEURONEN angelegt, dann KÖNNEN wir es, dann fällt es leicht, es LANGSAM zu tun (vgl. auch ☞ TRAINING, S. 88), jetzt können wir es gemütlich in ZEITLUPE üben, bis wir »flüssig« werden (☞ FLOW).

3. Jeder TAGTRAUM aktiviert oder verstärkt vorhandene SPIEGELNEURONEN. Das ist ein Neuro-

Mechanismus, der uns viel helfen kann, wenn wir ihn kennen und nutzen. (Vgl. auch REAL-MENTAL bei ☞ TRAINING, S. 88). Das ist einer der Gründe, warum dieser Trainings-Trick funktioniert. Entwickelt habe ich ihn vor über 20 Jahren (als man über Mental-Training im Sport noch gelästert hat), aber heute wissen wir, daß die SPIEGELNEURONEN den Erfolg ermöglichen.

4. Dieser Punkt ist extrem wichtig, weil die SPIEGELNEURONEN auch mit Gefühlen verbunden sind (siehe Fußnote auf S. 79). Das heißt: Immer, wenn wir gewisse Dinge ERWÄHNEN, knipsen wir die dazugehörenden SPIEGELNEURONEN an.

Bleiben wir noch bei diesem vierten Aspekte; er bedeutet nämlich im Klartext: Jedesmal, wenn Sie negative Dinge auch nur erwähnen, knipsen Sie die SPIEGELNEURONEN für negative Gefühle in allen an, die Ihnen zuhören MÜSSEN. Das ist weder Chefs noch Lehrkräften und Eltern bewußt, die …

🖫 **ständig herummeckern** (je aggressiver oder lamentierender sie klingen, desto stärker lösen sie die dazugehörenden Gefühle aus, die man nun erleiden muß).

🖫 **nur Fehler sehen und kritisieren** (als ob es nichts gäbe, das gut und richtig gemacht worden ist). Der Hang, Fehler zu sehen, hat zunächst Überlebenswert, weil etwas FEHLENDES theoretisch eine Gefahr für Leib und Leben darstellen könnte, aber im normalen Alltag könnte man sich sehr wohl darauf programmieren, auch Positives bewußt zu registrieren und dann auch dazu etwas zu sagen!

- **häufig über andere »herziehen«**[5] (dies lehrt vor allem, daß man andere, die irgendwie anders als wir sind, nicht respektiert, auch das übernehmen die Kinder per SPIEGELNEURONEN von uns!

- **neidige Bemerkungen machen**, die implizieren, daß es NICHT o.k. sei, wenn jemand besser, reicher, gesünder, erfolgreicher etc. ist als wir (statt zu fragen, was wir selbst tun können, um dem Ideal näherzukommen, wie Amerikaner, Japaner und Chinesen es ihren Kindern vorleben). In diesen Ländern werden neidige Menschen von anderen geächtet, bei uns erhalten sie oft genug noch Applaus – wie gewisse Talk-Shows, die spätnachts wiederholt werden, täglich zeigen. Das haben all diese Talk-Show-ZuseherInnen im Studio von ihren Familien gelernt, via SPIEGELNEURONEN!

---

5 Hier lernen die Kinder zweierlei: Erstens, daß es o.k. ist, hinter dem Rücken Abwesender über diese »herzuziehen« (weil die SPIEGEL-NEURONEN ja Verhalten imitieren lassen, vom Spaghetti-Aufrollen bis zu der Art, wie wir miteinander umgehen)! Zweitens, daß man im Zweifelsfall mit Meckern reagieren »muss«, wenn man unzufrieden ist, statt mit der Frage, was wir vielleicht selbst ändern könnten. Solange wir MECKERN, sind ja andere »schuld«, also brauchen WIR ja nichts zu ändern. Schade, gell?

Es dürfte klar sein, daß wir Erwachsene und Eltern immer Vorbild sind, ob wir wollen oder nicht. Die Natur hat SPIEGELNEURONEN erfunden, damit uns die Imitation als Königsweg zu Lernen offensteht (dies gilt nur für wenige Tierarten, aber vor allem für Menschenaffen und uns Menschen). Das bedeutet aber auch, daß Kinder jeden Mist genauso leicht und unbewußt übernehmen wie gute Verhaltensmuster. Wenn Kinder aus der Schule kommen und »wissen«, daß Lernen negativ (doof, schwierig etc.) ist, dann haben sie das von den Erwachsenen dort per SPIEGELNEURONEN übernommen. Lehrkräfte, die ständig betonen, daß das zu Lernende ERNST sei, daß es jetzt schwerer wird, daß man die PROBLEME bis zur Prüfung lösen müsse etc., helfen, passende SPIEGELNEURONEN anzulegen und aktivieren diese später, aber: **Kinder aus sogenannten bildungs-NAHEN Familien haben zu Hause bildungs-POSITIVE SPIEGELNEURONEN angelegt und sind daher** (fast) **immun für Negativ-Botschaften dieser Art.** Das ist ein Teil der Verantwortung, die Eltern tragen (müssen). Deshalb möchte ich Ihnen das Programm ☞ WISSEN ERWERBEN S. 96) unbedingt ans Herz legen. Hier lernen Sie selbst, eigene Negativ-SPIEGELNEURONEN aus Ihrer Schulzeit zu ersetzen durch neue, positive SPIEGELNEURONEN betreff Lernen. Dann erst werden Sie Ihren Kindern glaubwürdig helfen können – Lippenbekenntnisse früherer Schul-Opfer überzeugen kein Kind!

## SPRACHGEFÜHL

Sie können sehr viel für das Sprachgefühl Ihrer Kinder tun, wenn Sie eine Möglichkeit ergreifen, die noch in meiner Kindheit »normal« war. Damals saß die Familie regelmäßig vor dem Radio (heute per HÖRBUCH sogar zeit-unabhängig machbar) und hörte bewußt gemeinsam zu. Mal eine Kurzgeschichte (Literatur), mal ein Hörspiel, mal eine Kabarett-Sendung. Wenn Sie es probieren, werden Sie feststellen: Man hört ganz anders, wenn man gemeinsam wirklich zuhört und vielleicht hinterher darüber redet. Zusätzlich kann man manches (z. B. Literatur) auch regelmäßig anhören, wenn es SPRACHLICH besonders »an-SPRECH-end« ist. Dabei kann man sich auch beraten lassen, aber zum Einstieg könnte man mit Harry Potter anfangen, da diese Texte sprachlich sehr gut sind (auch die deutsche Übersetzung ist ausgezeichnet) und die brillante Lesung von Rufus BECK hilft, sich die verschiedenen Leute vorzustellen. Wenn es um das **Sprachgefühl** geht, muß man nicht von vorne bis hinten alles hören, man kann sogar in der Mitte anfangen und hören. Das ist so ähnlich, wie wenn man im Radio in eine Sendung »hineingeraten ist«, die einen dann plötzlich fesselt. Da schalten wir das Radio auch nicht aus, nur weil der Anfang fehlt, sondern wir lauschen.

Was das Sprachgefühl auch bildet sind natürlich **Sprach-Spiele aller Art**. Jüngere Eltern, die vielleicht gar keine Gesellschaftsspiele aus ihrer Kindheit mehr kennen, sollten im ☞ **ELTERNKREIS** vorschlagen, daß diejenigen, die solche Spiele kennen, mit ihnen spielen, bis sie alleine weitermachen können. (Wir werden auch **intelligente Sprachspiele** unter www.birkenbihl-email-akademie.de anbieten; jedes für einen Euro, da kann man ohne Risiko neue Ideen für häuslichen Spielspaß mit Bildungs-Bonus finden.)

## SPRACHENLERNEN

Da ich an anderer Stelle meine spezielle Methode ausführlich geschildert habe (für junge Leute planen wir Spots bei You Tube, die kostenlos eingesehen werden können), will ich hier nur festhalten:

1. **VOKABEL-PAUKEN ist kontra-produktiv.** Weder haben Sie Ihre Muttersprache durch Pauken isolierter Begriffe erworben, noch lernen Menschen, die mehrsprachig aufwachsen, auf diese Weise. Man lernt nur in SINN-ZUSAMMENHÄNGEN (siehe ☞ SINN, S. 78).

2. **DE-KODIEREN:** Die meisten Lerner (jeden Alters) neigen intuitiv dazu, das Fremde durch Wort-für-Wort-Übersetzungen erst einmal TRANSPARENT zu machen, um zu BEGREIFEN. Dies aber wird von Lehrern vehement verboten. Fragt man WARUM, dann erfährt man, »weil das kein gutes Deutsch ist«. Fragt man, ob das Begreifen des **Englischen** (Lateinischen, Französischen etc.) nicht Ziel des Sprachenlernens sein sollte, erhält man er-

bitterte Monologe über die Notwendigkeit, »gutes Deutsch« zu praktizieren. Es ist unglaublich! Dabei gilt:

3. **De-Kodieren macht Spaß!** Bitte sehen Sie sich ein kleines Beispiel an:

the old man asked the young woman: »What's up?«
der alt Mann fragte die jung Frau: Was-ist auf?

So sehen Sie mit einem Blick, daß das Englische keine Endungen mehr hat. Während die »gute Übersetzung« den Eindruck erweckt, das Englische sei dem Deutschen sehr ähnlich (Der alte Mann fragte die junge Frau …), ist das **Gegenteil** der Fall.

Nur durch das wörtliche Be-SCHAUEN (das zum Verständnis führt) kapieren wir, wie die andere Sprache »funkioniert«. Dasselbe zeigt uns die De-Kodierung der Redewendung am Ende des Beispiels. Die sogenannte »gute Übersetzung« lautet »Was ist los?«, aber das sagt man im Englischen nicht. Man sagt »Was-ist auf?« (wobei der Bindestrich zwischen »was« und »ist« zeigt, daß »what's« im Englischen wie EIN Begriff wirkt). **Nun ärgern sich SprachlehrerInnen oft maßlos über diesen UNSINN, ohne zu begreifen, daß unser »Was ist los?« genauso ein UNSINN ist, denn das drückt keine andere Sprache so aus.** Wer ständig mit sogenannten »guten Übersetzungen« arbeiten muß, wird später typisch deutsche Fehler machen und

z. B. »what's lose« sagen. **Gerade Redewendungen, die nicht 1:1 übertragbar sind, lehren uns so viel über die fremde Sprache.** So sagen die Araber zum Beispiel »Was läuft?«, was genausowenig Sinn bietet wie unser »Was ist los?«. Es macht aber Spaß, solche Dinge via De-Kodierung zu ENTDECKEN. Das ist wie das KNACKEN eines Geheim-Codes. Merke: Sie müssen sich überhaupt nichts dabei »denken«: Wenn Sie Ihrem Hirn die Struktur der Zielsprache nur ZEIGEN, kann es das tun, was es bei der Muttersprache auch schon bewiesen hat: es kann die nötigen Regeln selbst ableiten (wie wir bei ☞ KRITIK, S. 48, bereits gezeigt hatten).

4. **Übrigens können Sie sich selbst überzeugen.** Wir werden (unter www.birkenbihl-email-akademie.de) viele **Sprach-Lektiönchen** à ein Euro anbieten, damit Sie die Möglichkeit haben, **das System mit kurzen Texten von wenigen Sätzen auf Herz und Nieren zu testen**, ehe Sie damit beginnen, das SCHULBUCH Ihrer Kinder so anzugehen. SchülerInnen, die via De-Kodieren lernen, brauchen keine Vokabeln mehr zu pauken. Trotzdem können sie die »doofen Vokabel-Tests« bestehen, da sie ja jedes Wort im Text begriffen und aktiv und passiv gehört haben. Wir sind gerade dabei, auf **YouTube** einige kleine Video-Clips hierzu zu plazieren, sie müßten (mit dem Stichwort FREMDSPRACHEN-LERNEN oder auch meinem Namen) leicht zu finden

sein (natürlich kostenlos); sie stellen eine kleine Einführung dar. Wer lieber **liest**, findet auf derselben Website in einer (gezeichneten) Schublade ein **Dokument** (eine kurze Einführung in meine Methode, selbstverständlich ebenfalls kostenlos).

## TRAININGS-TRICKS

Wie schon erwähnt, werden die Abläufe AUTOMATISIERTER Bewegungsabläufe ins Kleinhirn eingespeichert (während WISSEN im Großhirn »landen« muß, um langfristig verfügbar zu sein). Ob wir den Schalthebel im Auto betätigen oder zum richtigen Zeitpunkt auf die richtige Klaviertaste drücken wollen, unser Kleinhirn muß die Bewegungen speichern und dazu benötigt es **viele Wiederholungen** (im Gegensatz zu ☞ WISSEN SPEICHERN, S. 105). Wir können den ☞ LERNBERG (S. 55) zu Hilfe nehmen, um unser Training optimal zu gestalten: Im EINSTEIGER-BEREICH helfen die folgenden Tricks. Je weiter nach oben wir kommen, desto länger können die Trainingszeiten werden und desto bereiter sind wir, uns mit Geduld und Disziplin bestimmten Aspekten zu nähern, die wir genauer unter die Lupe nehmen wollen (z. B. wie wir eine Melodie INTERPRETIEREN wollen, nachdem wir sie rein technisch erst einmal zu spielen gelernt haben). Wann immer wir eine neue Sache beginnen, helfen uns folgende »Tricks«:

1. **SLOW (= so laaangsam, wie nur irgend möglich)**
Kennen Sie den Begriff SLOW MOTION? Im Deut-
schen sagen wir ZEIT-LUPE, aber die wörtliche
Bedeutung des englischen Originals hilft uns mehr:
LANGSAME BEWEGUNG. Denn Sie wollen ei-
nen Bewegungsablauf lernen und Sie sollen ganz
laaaaaaaaangsam beginnen. Warum? Nun stellen
Sie sich vor, es gäbe zwei Spezialisten im Kopf, die
Ihnen helfen sollen. Der eine ist der MARIONET-
TENSPIELER. Er sorgt dafür, daß die großen und
kleinen MUSKELN BEWEGT werden, damit Sie
die Handlung auch tatsächlich ausführen können.
Der zweite ist zuständig für die Wiederholbar-
keit später, er muß dafür sorgen, daß Abläufe, die
mit Übung »glatt« geworden sind, ins Kleinhirn
TRANSPORTIERT werden, so daß wir dann später
diese Bewegung OHNE JEDES NACHDENKEN
(vollautomatisch) ausführen können, damit Sie z. B.
beim Schalten nicht mehr darüber nachdenken müssen, wo der dritte Gang ist, wenn Sie SCHNELL
runterschalten müssen, weil die Situation im Stra-
ßenverkehr brenzlig wird. Diese beiden »Mitarbeiter« im Gehirn brauchen beide ZEIT. Je schneller
wir üben (während wir einen Bewegungsablauf lernen wollen), desto weniger Zeit bekommen beide.
Oder drücken wir es anders aus: Wenn wir mit Zeit-
punkten bezahlen müßten, könnten wir sagen: Bei
einem Übungsdurchlauf kostet jeder der beiden uns

je 50 Punkte, wenn aber beides parallel passiert (üben und lernen), dann kommt es zu einer sogenannten Interferenz zwischen beiden und deshalb stören sie sich gegenseitig und das kostet uns jetzt statt 100 Punkte 130! Aber wir können Energie und Zeit sparen, wenn wir besonders laaaaaaaangsam vorgehen. Je langsamer, desto mehr Zeit bekommen beide Spezialisten und sind zufrieden. Anders ausgedrückt: Wir haben getestet, daß 30 sehr laaaaaaangsame Bewegungen ungefähr so viel bringen können wie 120 schnelle, wenn man am Anfang eines Trainings-Prozesses steht. Es ist das Prinzip des Tai-Chi: Das ist Kung-Fu in ZEITLUPE und bringt für die Muskelentwicklung genausoviel wie das Mehrfache an schnellen Abläufen. Da die meisten Lehrer, selbst Sportlehrer, von Gehirnforschung nicht viel wissen, haben sie keine Ahnung und können Kindern meist nicht beibringen, wie man optimal trainiert. Deshalb zu Hause BESSER machen, statt die Fehler der Schule zu wiederholen.

## 2. KURZE TRAININGS-ZEITEN
Beginnen Sie mit kurzen Trainings-Einheiten, dabei gelten zwei Regeln:
1. Wenn Sie aufhören, arbeitet ein Teil des Gehirns weiter (so ähnlich, wie die Fettverbrennung bei physischem Fitneß-TRAINING weiterläuft, weshalb man noch eine Weile »nach«-schwitzt).

Wenn Sie also mehrmals am Tag jeweils kurz üben, gewinnen Sie jedesmal dieses »Nachspiel«. Auch dies wissen viele professionelle Lehrer/Trainer nicht, daher lassen sie die Übenden ZU FRÜH zu lange trainieren. Solange wir noch im EINSTEIGER-BEREICH sind, ist der Effekt der »heimlichen« Nach-Arbeit des Gehirns am größten und spart am meisten echte Übungszeit. Es wäre doch schade, diesen Vorteil wegzuwerfen. Also lieber viermal je zehn Minuten lang üben (mit mindestens einer Stunde Pause dazwischen) als einmal 40 Minuten, da bei viermal vier Minuten Ihr Gehirn viermal »Überstunden« (eigentlich Über-Minuten) macht.

2. Je weniger Bock Sie auf diese Tätigkeit haben, desto wichtiger ist die zweite Regel: Experimente haben immer wieder bewiesen: Mit zunehmender Bekanntheit oder Vertrautheit wächst auch die Sympathie für ein Thema (gilt also auch für WISSEN) oder eine Handlung. Wenn Sie sich also vornehmen, 30mal drei Minuten zu trainieren, haben Sie in der Regel danach das Schlimmste hinter sich. Gönnen Sie es sich, die »Katze kennenzulernen«, ehe Sie die »Katze im Sack« ablehnen, die Sie nie kennengelernt haben. Wenn Sie nach 30 Mal drei Minuten Training (unter Beachtung aller Tricks!) immer noch keinen Bock haben, dann wissen Sie zumindest,

was Sie ablehnen (aber in über 90 % aller Fälle
ist der Bock inzwischen aufgetaucht)!

3. **KURZE EINHEITEN (zwei Takte statt 20)**
Üben Sie jeweils nur TEILE des Ablaufs, z. B.
beim Klavierspielen nur zwei Takte (nicht 20), beim
Tennis nur die Vorwärtsbewegung (nicht auch die
zweite Hälfte), bei der Schreibmaschine (Keyboard)
nur einen Buchstaben je Finger, bis diese so gut sitzen, daß man zu wandern beginnen kann (weil letzt-
lich jeder Finger für mehrere Buchstaben zuständig
sein wird). Die Qualität der kurzen Einheiten ist
beim nächsten Aspekt wieder wichtig, wenn Sie einen zu langen Ablauf probieren, können Sie den
vierten Trick nicht durchführen (dann gehen Sie zu
drei zurück und verkürzen den Ablauf).

4. **real-mental-real-mental …**
Denken Sie wieder an unsere beiden Spezialisten:
Wenn Sie REAL üben (aber ganz laaaaagsam, siehe
oben), dann muß der Marionettenspieler die Muskeln
bewegen, hat aber viel Zeit, während der zweite Spe-
zialist das Einspeichern vorbereitet. Wenn Sie sich die
Bewegung jedoch nur vorstellen (so gut wie möglich),
dann hat der Marionettenspieler Pause, also kann der
zweite seine Arbeit ungehindert tun. Damit Sie aber
eine GUTE Vorstellung »basteln«, machen wir das
wie beim Sandwich: Wir üben REAL, dann MEN-

TAL, dann REAL, dann MENTAL. Falls Sie übrigens einen zu großen »Bissen« auf einmal schlucken wollen, merken Sie das spätestens jetzt, weil der Ablauf für MENTAL zu lang ist und Sie durcheinanderkommen. Beim REALEN Durchgang wollen Sie genau registrieren, was wie »passiert«, also zum Beispiel bei Klavier spielen nehmen Sie sehr bewusst wahr:

1. **welcher Finger,**
2. **welche Taste,**
3. **mit wie viel Druck,**
4. **wie lange man drücken** muß und
5. **mit welcher Bewegung**
   (z. B. unter- oder übersetzen?) sich der
6. **Wechsel zum nächsten Finger vollzieht**.
   (Ab hier geht es wieder bei Nr. 1 weiter.)

5. **IMITATION BIS PERSIFLAGE** (130 % üben, um später auch bei Streß 80 % bringen zu können) Manche Lernprozesse können etwas nachahmen, manche nicht. Wenn es eine Vorlage, ein Vorbild, ein Modell gibt, der/die/das IMITIERT werden kann, dann sehen/hören Sie sich dieses Modell **so oft wie möglich** an, **auch zwischen Trainings-Einheiten,** und üben Sie, das Modell so exakt wie möglich zu imitieren. Am Ende übertreiben Sie, so daß Sie von der IMITATION zur Persiflage schreiten. Merke: Wer ÜBERTREIBEN kann (Persiflage, Karikatur), muß das WESEN-tliche finden, nur dann kann die

Übertreibung wirken. Abgesehen davon, daß diese Art von TRAINING sehr lustig werden kann, hat sie einen wichtigen Nutzen für den Alltag, aber zuerst ein Beispiel: Nehmen wir an, Sie wollen ein Gedicht auswendig lernen. Sie haben es als HÖRBUCH und können einen guten Sprecher imitieren (vorher können Sie mit ihm im CHOR sprechen, und sich an ihn »anlehnen«), aber am Ende übertreiben Sie jede seiner Betonungen, Pausen etc. enorm. Sie »liefern« also jetzt 130 % ab. Warum? Welchen NUTZEN bringt Ihnen das? Antwort: Wer beim TRAINING 130 % bietet, wird später unter Streß, z. B. bei einer Prüfung, immer noch 80 % bringen können. Die meisten aber trainieren von Anfang an nur ca. 80 %. Was glauben Sie, bleibt dann für eine Prüfung (oder eine Streß-Situation im Alltag) übrig? Genau. So wirken sie (die meisten) dann auch!!! Aber Sie werden es besser machen und, nachdem Sie das Prinzip selbst einmal gestestet haben, auch Ihre Kinder in diese Geheimnisse einweihen, nicht wahr?

## 6. Variationen

Die HARVARD-Professorin Ellen J. LANGER hat nachgewiesen, daß Menschen, die beim Klavierspiel das tun, wozu Kinder neigen, bis man es ihnen verbietet[6], besser spielen, mehr Spaß haben,

---

6 Ähnlich wie Kindern das De-Kodieren (wort-wörtliche Übersetzung) verboten wird, wiewohl es nichts Effizienteres gibt (☞ SPRACHEN-LERNEN, S, 85).

schnellere Fortschritte machen und später weit besser vorspielen (das Stück also besser INTERPRE-
TIEREN können). Sie stellt auch fest, daß große
Pianisten dasselbe Stück immer mindestens auf
zwei Instrumente gespielt haben, z. B. Klavier
und Geige oder Klavier und Orgel. Man lernt ganz
andere Aspekte kennen, wenn man ein Stück mit
dem »falschen« Instrument spielt (mit Keyboards
kann man wunderbar experimentieren, weil ja diverse Instrumente »eingebaut« zu sein scheinen).
Aber auch auf einem normalen Klavier können wir
WIE DIE KINDER üben: Mitten im Stück langsamer oder schneller werden, mal laut, mal leise (unabhängig davon, was dort steht). Merke: Erst, wenn
wir ein Stück technisch beherrschen, beginnen wir
es »vorzuspielen« (die sogenannte Interpretation),
vorher ist das SPIELEN (wie beim Herumspielen)
viel hilfreicher für unser Verständnis. Bei Musikin-
strumenten treffen sich nämlich TRAINING (wie-
derholte Bewegungsabläufe) und WISSEN: Manche Aspekte von Stücken muß man intellektuell
verarbeiten, begreifen etc., das kann beim »Herumspielen« gut vorbereitet werden. Also, auch wenn
die Klavierlehrerin nichts davon weiß, zu Hause
kann man gehirn-gerecht üben, d. h. weniger Aufwand, mehr Spaß und größeren Erfolg. Was will
man mehr?

## WISSEN ERWERBEN
### (Lebenslanges Lernen: Warum?)

Wir sprachen mehrfach davon, daß ELTERN ihren Kindern alles, was sie LEBEN, automatisch vorleben. Demzufolge wäre es sinnvoll, **wenn Eltern ihren Kindern auch vorleben, wie man sich selbst »bildet«, wie man lernt, herauszufinden, was man wissen will.** Hierfür sprechen vor allem zwei Gründe:

**Erstens**, weil die Eltern sogenannter »bildungs-NAHER« Familien ihren Kindern genau diesen Wettbewerbsvorteil bieten, weshalb diese Kinder trotz Schule weit besser klarkommen.

**Zweitens**, weil Wissen noch nie so schnell »veraltet« wie derzeit und in Zukunft.

Früher waren ein Ingenieur und ein Arzt, die ihr Studium 1950 beendet hatten, für den Rest ihrer Arbeitszeit fähig, einen »guten Job« zu machen, auch wenn sie selten Fachzeitschriften lasen und nie mehr in die Uni gingen. Heute muß ein Ingenieur alle 15 bis 20 Jahre sein Wissen maßgeblich er-WEIT-ern (einiges ist inzwischen falsch, manches überholt und es gibt jede Menge Neues). Der Arzt müßte sein Wissen spätestens alle zehn Jahre maßgeblich up to date bringen (was nicht heißt, daß die meisten es tun!), und ein neuer Medizinstudent kann am Ende seines Studiums 50 % dessen, was er im ersten Semester gelernt hat, »wegwerfen«. **In einer Zeit ständig explodierenden Wissens können nur Leute erfolgreich arbeiten, die LERN-**

FÄHIG sind, und genau diese wichtige Fähigkeit wird von der Schule NICHT vermittelt! **Deshalb müssen ELTERN ihrer ursprünglichen Verantwortung nachkommen** (die Eltern bis vor 200 Jahren IMMER innehatten). Man kann die Verantwortung, die eigenen Nachkommen lebensfähig für die Zukunft zu machen, nicht an einen Staat abgeben, **solange dessen Regelschul-System die Aufgabe so ungenügend wahrnimmt, wie derzeit** (noch); wir hoffen, daß es besser wird. Deshalb folgt hier die Anleitung, mit der jede/r den Anfang machen kann.

## WISSEN ERWERBEN
### (Wie? Ein 7-Punkte-Programm)

Beginnen Sie mit viel **Schmierpapier** (dafür eignen sich z. B. Blätter, die auf einer Seite schon beschrieben/bedruckt waren; also das, was viele Leute wegwerfen). Merke: Wir fühlen uns weit **freier** auf »Schmierpapier« zu »schmieren«, denn hier können wir das Programm aus der Schule (alles muß von Anfang an möglichst perfekt aussehen) am besten knacken. Das folgende Programm ist als VORSCHLAG zu sehen. Wenn Sie zu irgendeinem Zeitpunkt anders vorgehen wollen, weichen Sie ab. Aber **befassen Sie sich mindestens sechs Wochen lang mit einem Thema.** Man kann auch **mehrere Themen parallel** verfolgen, wobei man sich mit jedem einzelnen Thema immer nur so lange befaßt, wie man will. **Anfangs, wenn alles noch**

**fremd ist, hat man noch wenig Lust, also begrenzen
sie Ihre Aktivitäten ruhig auf jeweils fünf Minuten.**
Merke: Wer sich zehn Mal nur fünf Minuten lang mit
einem Thema befaßt, auch eines, das eingangs überhaupt nicht interessiert, wird bald Interessantes finden
(das zeigt die Erfahrung immer wieder). Denn es kann
Sie ja vorab noch nichts interessieren, solange man
noch zuwenig weiß.

1. **Beginnen Sie mit einem STICHWORT zum Thema (das Sie aufschreiben), z. B. AUTISMUS.**
   Üben Sie ruhig mit Begriffen, die Sie im Fernsehen
   hören oder in einem Bericht lesen und die Sie nicht
   verstehen.

2. **Fragen Sie sich, was Sie über den Begriff schon
   wissen.** Auch wenn Sie im ersten Ansatz meinen, es
   sei »gar nichts«, denken Sie kurz nach! Haben Sie
   eine Ahnung, in welchem Zusammenhang Sie das
   Wort schon gehört/gelesen hatten? Fragen Sie andere, was die davon (nicht) wissen. Etwas NICHT zu
   wissen, ist keine Schande. **Es ist vielmehr eine
   Schande, Menschen einzureden, man müsse alles
   wissen** (diese kranke Haltung verdanken wir dem
   Schulsystem). Merke: Wenn Sie etwas nicht wissen,
   dann ist es Zufall oder Schicksal, daß Ihnen diese Sache entweder noch nie begegnet war (oder Ihnen bisher niemals interessant/verständlich erläutert
   wurde). **Die Frage ist vielmehr, ob Sie mehr wissen wollen** und ob Sie lernen, **wie man sich alleine**

**weiterbilden kann**. Das ist viel wichtiger, als die Lücke im Wissen. **Lücken können angegangen werden, wenn Sie sich nicht irremachen lassen!** Konkret in unserem Fallbeispiel: Was wissen Sie über AUTISMUS? (Die meisten Leute wissen extrem wenig, also sind Sie in guter Gesellschaft, wenn das für Sie auch gilt.)

3. **Schlagen Sie den Begriff nach.** Man sollte mindestens eine **Taschenbuchausgabe** eines guten Lexikons zu Hause haben. Das **Internet** ist zwar sehr hilfreich, **aber** manchmal kann die Fülle von Infos **überwältigend** sein und: **Je weniger man von einem Thema (noch) weiß, desto weniger kann man die viele SPREU vom wenigen WEIZEN unterscheiden.** Deshalb ist oft ein erster Blick in ein etabliertes Nachschlagewerk besser. Ich empfehle den MEYERS in zehn, besser in 20 Bänden (auch als Taschenbuch-Ausgabe)[7], den man auch **gebraucht** finden kann. So ein Lexikon darf ruhig etwas älter sein, denn Sie wollen ihm ja nur eine **erste Orientierung** entnehmen.

4. **Lesen Sie LANGSAM.** Bei kurzen Texten könnte man die Erklärung sogar abschreiben oder, wenn Sie technisch darauf eingerichtet sind, einscan-

---

7  Nehmen Sie keinesfalls den BROCKHAUS, wenn er auch am bekanntesten ist, er ist in vielen Teilbereichen irreführend bzw. enthält extrem viele Begriffe nicht, die man nachschlagen könnte. In unseren Teilnehmergruppen hat er regelmäßig die niedrigste Punktzahl erhalten.

nen und zu Ihren Notizen legen. Achtung: Sie werden bei vielen Begriffen die Erklärung nicht unbedingt zu 100 % verstehen, das ist NORMAL. Sie brauchen **Mut zur Lücke**, den die Schule uns ausgetrieben hat. Kinder wissen sehr genau, daß man neuen Infos mit dem Mut zur Lücke begegnen muß, weil man nicht im ersten Ansatz alles kapieren kann!

5. **Formulieren Sie zehn Fragen.** Diese Aufgabe fällt Ihnen um so schwerer, je mehr das Schulsystem Sie »korrumpiert« hat. Sie wissen, daß jedes Kind einem »Löcher in den Bauch fragt«, und nur die Umwelt stoppt dieses unstillbare Bedürfnis, Dinge durch Fragen zu erforschen. Wenn Sie also Probleme haben, 20 Fragen zu stellen, beginnen Sie mit drei (für die ersten drei Versuche dieser Art), erweitern Sie auf sieben (für den sechsten bis zehnten Versuch) und gehen dann langsam auf zehn.

Bald werden Sie feststellen, daß es gewisse **Fragestellungen** gibt, **die zu weiteren Fragen führen**, das ist echt spannend! Bei AUTISMUS erfahren Sie z. B., daß es eine Störung des Geistes ist, daß AUTISTEN sich nach INNEN orientieren und **deshalb die Außenwelt nicht wahrnehmen**, so daß man mit manchen AUTISTEN überhaupt nicht kommunizieren kann. Sie lernen, daß es **Abstufungen** gibt: von 100 % nach innen gerichteten Autisten bis zu Leuten, die nur mehr als normal stark nach innen gerichtet sind. Hier finden wir komischerweise viele **große Denker**, Wissenschaftler, Tüftler, Ingenieure, Architekten etc., d. h. Leute, die sich stunden-, tage-, wochen- bis zu jahrelang extrem intensiv auf ihre Lieblingsthemen konzentrieren können (EINSTEIN gehörte dazu). Auf andere können sie durchaus schroff, taktlos, unhöflich etc. wirken, sie haben einfach keine Zeit (Nerven) für »Small talk« (und Austausch von Höflichkeiten mit anderen). Sie vergessen regelmäßig zu grüßen, kein böser Wille, nur haben sie andere Dinge im Kopf (kennen Sie Witze vom »zersteuten Professor«?). Das ist in etwa die Geisteshaltung dieser Menschen; sie haben nur eines im Sinn, nämlich ihr Kernthema. Vielleicht lernen Sie, daß diese milde Form des AUTISMUS als ASPERGER-SYNDROM bezeichnet wird (ab jetzt könnten Sie auch unter ASPERGER nachschlagen), und weshalb ich Sie darauf aufmerksam mache, denn von 200 Menschen ist einer ein »ASPIES« (wie die deutschen Betroffenen sich bezeichnen). In einer großen Stadt sind pro Million Einwohner 50 000 Menschen betroffen, und es könnte sehr wohl sein, daß Ihr Kind, Sie selbst oder jemand, den Sie kennen, ein ASPIES ist und keine Ahnung hat, daß es andere gibt. **Jedem Betroffenen wird der Eindruck vermittelt, er sei eine »totale Ausnahme« und er sollte sich bitte zusammenreißen und NORMAL werden.** Dies aber nur, weil so wenige Leute davon wissen, insbesondere Eltern und Lehrkräfte!! (Falls Sie mehr wissen wollen, unter **www.ASPIES.de** finden Sie hilfreiche Infos.) Jetzt könnten Sie doch einige Fragen formulieren, oder? Wenn Sie zu einem Thema überhaupt keine Fragen formulieren können, suchen Sie den Begriff in zwei bis drei **weiteren** Nachschlagewerken und **VERGLEICHEN** Sie die Infos der unterschiedlichen Werke/Quellen. In dem Maß, in dem **erstes Verständnis** aufkeimt, tauchen **erste Fragen** auf!

Bezüglich AUTISMUS und ASPIES biete ich Ihnen im Anhang (S. 109) zehn Fragen, um das Beispiel abzurunden, aber schauen Sie erst nach, **nachdem** Sie einen Selbst-Versuch gemacht haben, einverstanden?

6. **Suchen Sie ZITATE zum Thema: Jetzt** gehen Sie ins **Internet** (oder Sie suchen sich einen aufgeweckten Jugendlichen, der für Sie ins Internet geht). Nun gibt man den Begriff mit dem **Zusatz ZITAT** ein. Meist findet man interessante Zitate zum Thema, d. h. kurze Aussagen, Absätze, in denen jemand sich so interessant zum Thema geäußert hat, daß irgend jemand diesen kurzen Text in seine Zitaten-Sammlung überführt hat. Es kann sehr hilfreich sein, **zehn Zitate** zu einem Thema zu lesen. **Mit zehn Zitaten lernen Sie in der Regel mehr als mit EINEM langen ARTIKEL von 50**

Seiten! **Weil jeder Autor, der hier zitiert wird, EINEN sehr WESEN-tlichen Gedanken bietet, somit haben Sie mindestens zehn sehr WESEN-tliche Gedanken kennengelernt.**

7. **Sprechen Sie mit möglichst vielen Leuten über das Thema.** Bitte bedenken Sie, daß diese Phase zwei Ziele verfolgt: **Zum einen** kann es sein, daß einige derer, mit denen Sie sprechen, Interessantes beizutragen haben. Das ist der **eine** Grund. Aber, selbst wenn niemand, den Sie ansprechen, etwas über das Thema wissen würde, hätte es sich gelohnt. Warum, fragen Sie jetzt vielleicht. Antwort (und das ist der **andere** Grund): **Weil Sie das Thema möglichst oft ANSPRECHEN, bleibt es in Ihrem Bewußtsein.** Dadurch nehmen Sie mehr wahr, als Sie sonst wahrgenommen hätten. So sehen Sie vielleicht aus dem »Augenwinkel«, daß es im Fernsehen einen Bericht über Ihr Thema gibt. Sie hören drei Sätze im Radio (»und so wissen wir heute, daß es weit mehr Menschen mit Asperger-Syndrom gibt, als man früher angenommen hatte …«) und schon werden Sie HELLWACH und hören weiter, statt wegzudrehen. Sie entdecken Überschriften (z. B. in einer Zeitung), die Ihnen vor fünf Wochen noch nichts »gesagt« hätten, und so stellen Sie fest, was alle Menschen gelernt haben, die sich mit Themen intensiv befaßt haben: **Je mehr man sich befaßt, desto häufiger begegnet einem das Thema.**

Das ist der »Zufall«, der uns zufällt, weil wir mehr wahrnehmen als vorher.

Merke: Wer sich pro Thema sechs Wochen nimmt und nur jeweils ein Thema »bearbeitet« (was für Menschen, denen die Technik noch sehr fremd erscheint, vollkommen o.k. ist), wird im Jahr ca. acht Themen durchnehmen, das wären dann in zehn Jahren schon 80 Themen. Ganz nebenbei. Aber wer sich an diese Technik gewöhnt hat, wird auf Dauer meist zwei bis drei Themen »auf der Pfanne haben« (das passiert in der Regel in der zweiten Hälfte des ersten Jahres), dann sind es dementsprechend mehr Themen, denen Sie sich »aussetzen« und in die Sie ein wenig eindringen. Auf einmal entdecken Sie, wie spannend es sein kann, einer Frage nachzugehen, Dinge zu recherchieren und herauszufinden, Fragen zu formulieren und Antworten zu finden. Das sind Erlebnisse, die man auf der Schule haben müßte, aber dort sind sie leider rar und deshalb halten zu viele Menschen Lernen für unangenehm, schwer, streßvoll etc. Aber damit meinen sie immer nur ☞ PAUKEN (S. 71), das mit echtem Lernen genausowenig zu tun hat, wie Sexualkunde-Unterricht mit einer echten, heißen Liebes-Beziehung!

# WISSEN SPEICHERN – WIE?
## (Gegensatz: ☞ TRAINING, S. 88)

Im Gegensatz zu ☞ TRAINING müssen wir WISSEN nicht »tausendmal wiederholen«. Wir können grob vereinfacht sagen: **Je besser wir etwas begriffen haben, desto weniger Arbeit macht die Einspeicherung**, vgl. ☞ PAUKEN (S. 71).

Denken Sie an etwas, was Sie **einst gepaukt** haben (vom Einmaleins über die Hauptstädte diverser Länder oder lange Reihen von Geschichtszahlen mit Stichpunkten zu wichtigen Ereignissen über Definitionen und Merksätze bis zu Vokabeln oder Formeln). Man kann sagen: Je weiter RECHTS unser Kreuzchen auf der Linie (wieviel haben wir begriffen?) »landet«, desto weniger PAUKEN ist nötig, und dieses Merken, weil wir begreifen, das nennen wir ☞ LERNEN (S. 56).

- ❏ nix kapiert
- ❏ extrem wenig kapiert
- ❏ teilweise kapiert
- ❏ halb kapiert
- ❏ dreiviertel kapiert
- ❏ ganz kapiert

Wenn Sie die Strategie ☞ WISSEN ERWERBEN (S. 96) testen, werden Sie selbst feststellen, wieviel Freude es Ihnen bald machen wird, Dinge herauszufinden, ohne Zwang und Druck von außen, ohne Prüfungen, ohne Noten, ohne Streß. Sie werden nie wieder irgend etwas PAUKEN – und wenn Sie das Prinzip verstehen, dann können Sie auch Ihren Kindern helfen, den Weg zu echtem LERNEN zu finden; wenn schon nicht wegen, dann wenigstens TROTZ SCHULE. Viel Er-FOLG (= Folge Ihres Tuns ab heute!) …

## ZUKUNFTS-FÄHIGKEIT?

In meinen Seminaren erlebe ich bei Managern dasselbe wie bei Lehrkräften: Beide Gruppen haben so gut wie KEINE Vorstellung von ZUKUNFT. Erstens ist ihnen vollkommen unklar, daß das INDUSTRIE-ZEITAL-TER vorbei ist. Sie glauben nämlich, eine Epoche wür-de die nächste ablösen, und daß die Betroffenen es merken müßten, wenn sich etwas verändert. Tatsache aber ist, daß frühere Epochen weiterhin »mitlaufen«, auch wenn NEUE sich etablieren. So haben wir nicht aufgehört, LANDWIRTSCHAFT zu betreiben, aber **vor dem Industrie-Zeitalter waren die meisten Menschen mit Nahrungsanbau und -verarbeitung etc. befaßt** (ca. 20 % waren handwerklich und als Händler und Kaufleute tätig). **Heute sind in allen modernen Industrie-Nationen weniger als zehn % in der Landwirtschaft tätig** (trotzdem exportieren sie oft noch Getreide, Obst, Gemüse, Fleisch, Fisch oder halbfertige Nahrungsmittel).

In den 1950er Jahren, als die **INDUSTRIELLE EPOCHE** ihrem Höhepunkt erreicht hatte (Beginn der Wirtschaftswunderjahre in Deutschland), **arbeiteten** ca. 75 % der Leute in der FABRIKATION in **Fabriken** und deren Peripherie (z. B. als Lastwagenfahrer, der industriell gefertigte Güter transportierte). Seit dem Höhepunkt des Industrie-Zeitalters (Mitte/Ende der 1990er Jahre) **sitzen über 65 % der Arbeitnehmer in irgendwelchen Büros an Schreib- oder Zeichentischen bzw. am Computer (als Kreative, Programmierer, Forscher, Entwickler, Autoren etc.). Trotzdem produzieren wir mehr Güter als in den Zeiten, als menschliche Roboter die Arbeit leisteten.** Die wird heute von echten Robotern (Maschinen) oder in Billiglohnländern von »menschlichen Robotern« geleistet. (Übrigens bedeutet das Wort ROBOT »Arbeiter«, es tauchte zuerst in einem tschechischen Roman des Autors CAPEK auf und wurde viel später auf mechanisches »Arbeiten« erweitert.)

Wenn wir selbst zukunftstauglich werden wollen und wenn wir unsere Kinder zukunftstauglich machen wollen, müssen wir uns mit der Zukunft befassen. Auch hierüber haben wir auf unseren Schulen nichts gehört, die ganze Ausbildung ist rückwärtsgewandt. Noch immer werden Inhalte vermittelt, die für das Industrie-Zeitalter erarbeitet worden waren. Für die Zukunft brauchen wir mehr TECHNIKEN (wie man leicht lernt, von Sprachen über das Erarbeiten jeden Themas, das uns interessiert oder aus beruflichen Gründen wichtig für uns wird) und weniger nackte Daten und Fakten, die oft schon out of date sind (ich erinnere an die MITOCHONDRIEN und ihre DNS in der Einleitung). Damit kann ich z. B. regelmäßig Lehrkräfte erstaunen, auch junge, weil selbst sie, die sie BIOLOGIE unterrichten, davon nichts wissen. In der Zukunft werden diejenigen Erfolg haben, die selbständig weiterlernen können, wann immer und was immer sie wollen. Nicht aber Leute, die abgepackt so und so viele Fakten im Kopf haben und in Panik geraten, wenn diese nicht mehr up to date sind. Sie als Eltern entscheiden über die Zukunfts-Chancen Ihrer Kinder. Diese Verantwortung können Sie nicht ans staatliche Regelschulsystem übergeben. Erst wenn genügend Eltern aufwachen und zukunftstaugliche Schulen fordern, kann sich etwas ändern. Aber vorläufig können Sie von zu Hause aus gegensteuern und Ihren Kindern bieten, was sogenannte bildungs-FERNE(NAHE?) Elternhäuser seit Generationen bieten, damit auch Ihre Kinder eine faire Chance bekommen.

# ANHANG: FRAGEN ZU AUTISMUS

Bedenken Sie die alte Regel, daß uns am Anfang W-Fragen besonders helfen können:

 WANN?    WAS?     WIE?
 WARUM?   WER?

**Es folgen zehn mögliche Fragen zu AUTISMUS:**

1. **Seit wann** kennt man den AUTISMUS?
2. **Was** gehört alles dazu?
3. **Was** kann man dagegen tun?
4. **ZUSATZFRAGE:** Gibt es Therapien?
5. **Wie** benehmen sich AUTISTEN?
6. **ZUSATZFRAGE: Gehören Idiot Savants** (Leute mit irren Sonder-Begabungen) **zu den AUTISTEN** (vielleicht haben Sie den Film RAINMAN gesehen)?
7. **Wie** sieht das Gegenteil aus? (Wenn AUTISTEN sich eher **nach innen** orientieren, gibt es einen Gegenpol?)
8. **Warum** heißt es so? (Es hilft fast immer, die Bedeutung eines Begriffes zu studieren, denn er enthält oft wichtige Hinweise.)
9. **Warum** spricht man vom ASPERGER-SYNDROM, um die Untergruppe der ASPIES zu beschreiben?
10. **ZUSATZFRAGE: Wer** war ASPERGER eigentlich?

# LITERATURHINWEISE

1. **BAUER, JOACHIM:** Warum ich fühle, was du fühlst. Heyne 2006.
2. **BIRKENBIHL, VERA F.:** Jungen und Mädchen – wie sie lernen. Knaur 2005.
3. Kopf-Spiele. DVD-Doppelset
4. Trotzdem LEHREN. mvg Verlag 2007.
5. Birkenbihl on Management. Ullstein 2006.
6. Der persönliche Erfolg. Die 15. völlig überarbeitete Auflage erscheint im Herbst 2007.
7. Intelligente Rätsel-Spiele. Goldmann 2003.
8. **BODMER, FREDERICK:** Die Sprachen der Welt. Parkland Verlag.
9. **CSIKSZENTMIHALY, MIHALY:** Das Flow-Erlebnis. Klett-Cotta.
10. **EBBINGHAUS, HERMANN:** Über das Gedächtnis. Leipzig 1885.
11. **HOLT, JOHN:** The Underachieving School (Das versagende Schulsystem). Taschenbuch 2005.
12. Warum Kinder versagen – Aus schlauen Kindern werden Schüler. Beltz Taschenbuch 2004.
13. **KOHN, ALFIE:** Schools our Children Deserve. Houghton Mifflin, Boston 2001.
14. **LANGER, ELLEN J.:** Kluges Lernen – Sieben Kapitel über kreatives Denken und Handeln. rororo, 2002.
15. The Power of Mindful Learning. Persus, Cambridge 1998.
16. **SPITZER, MANFRED:** Geist im Netz. Spektrum Verlag 2000.
17. **TOFFLER, ALVIN:** Die Zukunftschance. Von der Industriegesellschaft zu einer humanen Zivilisation. Bertelsmanns, München 1990.
18. Der Zukunftsschock. Strategien für die Welt von morgen. Goldmann, München 1988.

Zu den Werken von Vera F. Birkenbihl
Ausführliche Informationen über alle Bücher finden Sie
auf meiner Website www.vera-birkenbihl.de Internet-Seiten
www.ASPIES.de (Stichwort:Asperger-Syndrom)
www.wissenschaft.de (Stichwort: Hirnforschung;
Titel: Kaugummikauen hilft dem Gedächtnis)

# STICHWORTVERZEICHNIS